O Interior da História

Coleção Estudos
Dirigida por J. Guinsburg

Equipe de realização – Tradução: Anita Di Marco; Edição de Texto: Luís Fernando Pereira; Revisão: Iracema A. Oliveira; Sobrecapa: Sergio Kon; Produção: Ricardo W. Neves, Sergio Kon, Elen Durando e Luiz Henrique Soares.

Marina Waisman

O INTERIOR DA HISTÓRIA
HISTORIOGRAFIA ARQUITETÔNICA
PARA USO DE LATINO-AMERICANOS

PERSPECTIVA

Título do original em espanhol
El Interior de la Historia: Historiografía Arquitectónica Para Uso de Latinoamericanos

© Escala s.a., 2011.

As imagens constantes nessa obra são de autoria
de Carlos Mateos, Alberto Belluci e Mónica Bertolino

cip-Brasil. Catalogação-na-Fonte
Sindicato Nacional dos Editores de Livros, rj

w155i

Waisman, Marina
    O interior da história : historiografia arquitetônica para
uso de latino-americanos / Marina Waisman ; [tradução de
Anita Di Marco]. - São Paulo : Perspectiva, 2013.
    24 il. (Estudos ; 308)

    Tradução de: El Interior de la Historia: Historiografia
Arquitectónica Para Uso de Latinoamericanos
    isbn 978-85-273-0970-7

    1. Arquitetura - América Latina - História. 2. América
Latina - Historiografia. 3. Crítica arquitetônica. I. Título.

12-9466.   CDD: 720.9
             CDU: 72(8)

27.12.12   03.01.13   041840

1ª edição
[PPD]
Direitos reservados em língua portuguesa à
EDITORA PERSPECTIVA LTDA.

Av. Brigadeiro Luís Antônio, 3025
01401-000 São Paulo SP Brasil
Telefax: (011) 3885-8388
www.editoraperspectiva.com.br
2019

Sumário

Para a Edição Brasileira – *Ruth Verde Zein* IX

Introdução – *Silvia Arango* XI

Apresentação XV

Primeira Parte
HISTORIOGRAFIA ARQUITETÔNICA.
CARACTERIZAÇÃO DA DISCIPLINA

1. História e Historiografia 3
2. História Geral, História da Arquitetura,
   História da Arte 11
3. História da Arquitetura, História da Arte 19
4. História, Teoria, Crítica 29
5. Reflexão e Práxis 39
6. Subjetividade e Objetividade 47

Segunda Parte
CONCEITOS INSTRUMENTAIS PARA A ANÁLISE
DA ARQUITETURA A PARTIR DE UM PONTO DE
VISTA LATINO-AMERICANO

Apresentação 55
1. Periodização 57
2. Continuidade/Descontinuidade 63
3. As Durações Históricas........................ 71
4. Centro/Periferia/Região 83
5. Tipologia..................................... 99
6. Linguagem 121
7. Significado................................... 151
8. Patrimônio Arquitetônico e Urbano............. 185
9. Centros Históricos............................ 197
10. À Guisa de Conclusão......................... 207

Para a Edição Brasileira

Sou imensamente devedora da contribuição conceitual de Marina Waisman, historiadora, crítica, jornalista e teórica da arquitetura. Meu contato inicial com seu trabalho deu-se pela leitura da seção "Servicio de Novedades" regularmente publicada na revista *Summa* dos anos de 1960 a 1980: uma destilação crítica, informada e divertida acerca dos debates, obras e autores em destaque no campo arquitetônico internacional. Seguiram-se os cadernos *Summarios*, separatas aprofundando temas específicos, que a partir dos anos de 1980 passa a divulgar também as vozes mais maduras ou mais jovens dos então acesos debates latino-americanos; e que muito ajudaram a acabar com o desconhecimento mútuo entre nossos países e suas produções. Tive também a honra de desfrutar da amizade suave e carinhosa de Marina e de, como colaboradora e editora da revista *Projeto*, solicitar para publicação alguns de seus excelentes textos. Waisman também colaborava intensamente com outras publicações, como as da editora colombiana Escala, no contato fraterno com a amiga comum, e também excelente historiadora e crítica, Silvia Arango. Ali publicou o presente livro – *O Interior da História* – e também aquele que viria a ser seu último trabalho, *La Arquitectura Descentrada*, uma visão desencantada, mas otimista, sobre as crises finisseculares da modernidade arquitetônica.

A publicação de *O Interior da História*, pela Perspectiva, cobre uma lacuna, acata um apelo antigo e atende a um imperativo, ainda plenamente vigente: a necessidade de se construir um campo teórico consistente para a arquitetura atual a partir de instrumentos de análise e crítica adequados à nossa condição contemporânea de tempo e lugar. Traz uma contribuição que não é datada nem restrita, pois se trata de um texto de caráter essencialmente universal; especialmente na sua primeira parte, onde a autora se propõe a caracterizar questões disciplinares que são ao mesmo tempo imemoriais e presentes. Mas também na segunda parte, onde disseca alguns conceitos instrumentais muito relevantes; mas que não pretendem esgotar os debates e, sim, abrir temas, implicitamente convidando os leitores a explorá-los e desenvolvê-los em outros estudos, e eventualmente a ampliá-los, com a inclusão de outros tantos conceitos, e quantos mais se façam necessários.

Neste livro, ao concentrar-se prioritariamente nas questões da historiografia arquitetônica, Marina Waisman também abre perspectivas muito claras para o estabelecimento de uma necessária base conceitual e teórica para os estudos e pesquisas em arquitetura, em amplo senso, pois aborda, sistematiza e esclarece temas que vão da teoria ao projeto, iluminando as relações – e as distinções – entre reflexão e práxis, teoria e história, projeto e crítica de arquitetura. Uma abordagem filosófica e quase metodológica, que jamais perde de vista o fato de a arquitetura ser, essencial e primariamente, uma prática; e de que seu objeto de reflexão provém da realidade que, a qualquer tempo, tem prioridade hierárquica e valor de referência sobre quaisquer reflexões teóricas.

Essa lição das coisas da jornalista Marina, devidamente embasada pela erudição da historiadora Waisman, e bem temperada pela agudeza inteligente e bem humorada da crítica de arquitetura Marina Waisman tornam o livro *O Interior da História* um clássico. Uma leitura indispensável e um guia seguro, para todos os que nos dedicamos à arquitetura, em quaisquer dos seus aspectos; e, especialmente, para aqueles que se dedicam a pensar e a praticar a arquitetura de maneira reflexiva e crítica.

Ruth Verde Zein
Faculdade de Arquitetura e Urbanismo
da Universidade Presbiteriana Mackenzie, de São Paulo

Introdução

Depois de uma conferência ou mesa-redonda sobre arquitetura latino-americana, é bastante comum alguém do fundo do auditório apresentar propostas do seguinte teor: é necessário elaborar teorias próprias…, devemos criar categorias novas para pensar nossa arquitetura…, é importante refletir sobre nossa própria história… Esses tipos de convocação a uma série de propósitos importantes normalmente ficam flutuando em uma espécie de limbo, onde se tem a sensação de que "alguém" deveria se encarregar de realizá-los, sem que ninguém, nem mesmo aquele que os formula, sinta-se diretamente convocado. Sempre me chamou a atenção a constatação de que Marina Waisman sim se sente convocada. Há muito tempo, ela mesma fez essas convocações e as sente como sua responsabilidade, como um imperativo pessoal. Contudo, Marina Waisman não só aponta aquilo que deve ser feito, como também caminha na direção que aponta. Sem permanecer nas convocações, está sempre postulando alternativas, formulando hipóteses, tentando explicações.

Os artigos e as conferências de Marina Waisman são sempre passos à frente. Esse é seu método de trabalho – artigos, aulas e conferências são fragmentos que, deliberadamente, vai deixando em uma paulatina construção a longo prazo. De quando em quando, em prazos cautelosos, ela recolhe suas próprias indicações deixadas pelo caminho e as organiza em um livro. Por isso, Marina Waisman é autora de poucos livros. E, também por isso, seus livros têm a transparência do que foi longamente pensado e a clareza do assimilado e transformado em pensamento próprio.

Clareza do que foi assimilado. Excepcional qualidade. No livro *O Interior da História*, há a confluência de um número impressionante de leituras e referências que a autora maneja com grande liberdade e propriedade: com a liberdade resultante do fato de tê-las dissecado e analisado. Diz a autora que o livro deve muito às discussões suscitadas no curso de pós-graduação da Universidade de Córdoba. E que, na verdade, a propriedade e fluidez com que ideias complexas são abordadas refletem esse processo de compreensão que somente o tempo pode decantar.

Em Marina Waisman – na pessoa e em seus livros – a propriedade no manejo das fontes, a elegância na argumentação e a clareza de exposição, frutos de um rigor intransigente com ela mesma – se expressam dentro de uma grande simplicidade. Simplicidade que vem, possivelmente, "do interior da história" da própria autora: o fato de ser mulher, de viver e atuar a partir de uma cidade da província argentina, de transitar, solitária, no caminho da reflexão teórica, quando o êxito em arquitetura era medido em metros quadrados construídos... Essas aparentes limitações do meio latino-americano, em seu caso, conseguiram ser revertidas para inculcar-lhe uma modéstia saudável que lhe oferece enorme frescor e liberdade para, sem preconceitos, enfrentar as ideias.

No livro *O Interior da História*, Marina Waisman utiliza os recursos do caçador. Com premeditação minuciosa, na primeira parte vai recortando, delimitando o tema: desde os problemas gerais da historiografia até os problemas particulares da historiografia arquitetônica contemporânea. Na segunda parte, uma vez capturada a presa, a autora a ataca sem contemplações: alcança-a, agarra-a, examina-a cuidadosamente. Percorre, um a um, todos os aspectos pertinentes à historiografia arquitetônica latino-americana, sem deixar resquícios, por todos os lados.

Em *O Interior da História*, três notas gerais podem ser destacadas: 1. O sentido rigoroso comum, que comanda todas as análises e outorga ao livro o dom peculiar do óbvio, do evidente, do verossímil e do dissuasivo; 2. Um profundo sentido histórico, que relativiza espacial e temporalmente as ideologias, os conceitos e as arquiteturas, e desconfia de todo "essencialismo"; e 3. O tom esperançoso e vital com que se enfrentam os diferentes temas, o tom que contrapõe, a um panorama internacional cansado e pessimista, uma corrente fresca de anseios e possibilidades latino-americanas.

Nas páginas deste livro o leitor encontrará posturas claras sobre uma série de temas centrais nos debates arquitetônicos contemporâneos, a partir de uma perspectiva latino-americana. Por exemplo, discute-se a situação da história latino-americana em relação a debates historiográficos gerais, a respeito dos critérios de periodização – quando se faz uma crítica muito acertada às histórias "estilísticas" – ou sobre as diferentes durações históricas, que compreendem desde o evento pontual até fenômenos de lenta transformação. A respeito da relação centro-periferia, são feitas agudas reflexões sobre a "descentralização" da cultura e do homem contemporâneos, e ainda dos efeitos perversos das atuais condições de informação e difusão que privilegiam o visual. Muito perspicazes são também as observações em torno do conceito de tipo nas análises históricas e nos processos contemporâneos de projeto, assim como aquelas feitas a partir do significado das linguagens arquitetônicas e suas eventuais propriedades comunicativas. Sobre o tema do patrimônio, serão encontradas importantes observações que qualificam e distinguem diferentes patrimônios na América Latina, e sobre os critérios de ação para sua conservação.

Como em todo livro bem escrito, O *Interior da História* permite diferentes níveis de leituras: possui a densidade exigida pelo especialista em história da arquitetura, abre incitantes alternativas para o arquiteto profissional e tem utilidade para o leigo em arquitetura interessado na cultura latino-americana. Portanto, seus destinatários são múltiplos: os teóricos que procuram compreender, os críticos que querem orientar, os que fazem estudos históricos específicos, os que trabalham com patrimônio arquitetônico e os arquitetos que buscam um apoio para seus projetos. É um livro de história para uso de latino-americanos e para todos aqueles que se interessam pela arquitetura e pela cultura latino-americana.

Contra a improvisação e a pressa, *O Interior da História* é uma lição de sensatez e seriedade. Livro que abre – como poucos – um amplo panorama de investigações aplicadas e de alternativas para as práticas arquitetônicas contemporâneas. Livro pioneiro em teoria historiográfica para a arquitetura latino-americana, destinado a converter-se em referência obrigatória. Para a Editorial Escala é um verdadeiro orgulho começar esta coleção* com um livro de tal significação para o futuro de nossa arquitetura.

Silvia Arango
Universidade Nacional da Colômbia

---

* Esta obra foi o primeiro título da coleção Historia y Teoria Latinoamericana (N. da E.).

Apresentação

Este trabalho nasceu da convicção de que, com os instrumentos de conhecimento forjados nos países centrais, corremos o risco real de nos equivocarmos ou desconhecer nossa realidade histórico-arquitetônica e urbana. Daí surgiu a necessidade de reformular ou formular instrumentos historiográficos adequados para a compreensão e análise dessa realidade. E o segundo ponto de partida do trabalho é a firme crença de que a reflexão histórica é um dos meios mais completos para conhecer a própria realidade e, em consequência, projetar um futuro próprio, livre da limitação de modelos alheios.

O desmonte dos mecanismos da historiografia é uma operação fundamental para uma leitura crítica que possibilite uma tomada de consciência da própria posição diante da arquitetura. A história nunca é definitiva, reescreve-se continuamente a partir de cada presente, de cada circunstância cultural, a partir das convicções de cada historiador. Saber desentranhar as motivações, as intenções, as ideologias que, em cada caso, presidem uma obra historiográfica, é o primeiro passo imprescindível para o conhecimento.

Como a bibliografia sobre este tema é escassa e, com certeza, de origem europeia, dediquei a primeira parte do livro a uma introdução geral à disciplina, introdução essa que não pretende ser um estudo original em seus primeiros capítulos, mas uma série de aulas baseadas em material bibliográfico. Na segunda parte são abordados os conceitos instrumentais que consideramos adequados para o conhecimento de nossa história, conhecimento que importa não só para os estudos históricos, mas também para a orientação da própria práxis arquitetônica, afetada por juízos baseados em premissas desajustadas com as situações locais.

As reflexões que constituem este livro devem muito ao trabalho que, nos últimos dez anos, pude realizar nos cursos de pós-graduação da Faculdade de Arquitetura da Universidade Católica de Córdoba, conjuntamente com os arquitetos Maria Elena Foglia, César Naselli e Freddy Guidi; a permanente troca de ideias com eles e a elaboração de trabalhos e publicações foram uma fonte inestimável de enriquecimento pessoal e um constante desafio intelectual, que calorosamente agradeço. Meu trabalho como diretora da revista *Summarios* foi outra rica fonte de conhecimentos, bem como o contato com os companheiros dessa editora.

Este trabalho contou com o apoio do Conicet – Conselho Nacional de Pesquisas Científicas e Técnicas.

Primeira Parte

**Historiografia Arquitetônica.
Caracterização da Disciplina**

1. História e Historiografia

A ciência histórica não é a mera reprodução do que aconteceu. Não poderia sê-lo, mesmo a partir de um ponto de vista estritamente pragmático, pela impossibilidade de conter a totalidade dos fatos, objetos ou acontecimentos. Uma seleção é indispensável, ainda que apenas para reduzir a totalidade a uma dimensão compreensível. Em seguida virão a organização, as articulações, as valorizações, por meio das quais se tentará dotar de sentido o panorama traçado. Porque a história não é uma simples narração: é uma sucessão de juízos[1].

Exerce-se o juízo histórico desde o momento mesmo em que se toma a decisão de trabalhar sobre um determinado tema, isto é, desde o momento em que se define o objeto de estudo do historiador e, em seguida, exerce-se um juízo quando são escolhidos instrumentos e metodologias de análise, quando se delimita o alcance do estudo etc. etc. Nessa série de juízos, o momento histórico em que vive o historiador tem papel preponderante, já que a história é escrita a partir dos interesses do presente e com os instrumentos, pré-concepções e projetos do

---

1   Cf. Renato de Fusco, *Historia y Estructura*, Madrid: Alberto Corazón, 1974, p. 77.

O INTERIOR DA HISTÓRIA: HISTORIOGRAFIA ARQUITETÔNICA

presente. A história, portanto, é continuamente reescrita, e a historiografia permite a dupla leitura da matéria tratada e da ideologia do momento histórico em que foi estudada.

É comum a utilização do mesmo termo, história, tanto para designar a realidade histórica, isto é, a sucessão dos aconteci-mentos, como a narração desses acontecimentos, ou seja, a ciência e o estudo da realidade histórica, das distintas leituras feitas pelos historiadores, ao longo do tempo, de tal realidade. Isto acontece não só no campo da história geral, mas também nas histórias particulares e, entre elas, na da arquitetura; pois se falamos da história da arquitetura gótica, podemos estar nos referindo tanto ao conjunto de obras que constituem o acervo arquitetônico desse período como também ao conhecimento que dele temos através dos escritos dos historiadores, assim como são "história" esses próprios escritos.

Embora "a ambiguidade do termo pareça bem fundamen-tada, pois a realidade e o conhecimento dessa realidade são inseparáveis"[2], para efeito de maior precisão de linguagem e clareza na discussão das ideias, convém mantermos diferen-ciados os dois conceitos mediante sua adequada denominação, chamando de "história", então, a realidade dos acontecimen-tos – no nosso caso, a sucessão dos fatos arquitetônicos[3] – e de "historiografia" os textos mediante os quais se estuda seu desenvolvimento no tempo. Da mesma forma, essa distinção leva-nos a discriminar entre *problemas históricos* e *problemas historiográficos.*

Problemas históricos são aqueles que dizem respeito à exis-tência mesma do fato histórico – sua veracidade ou verossi-milhança, sua datação ou, no caso de obras arquitetônicas ou artísticas, seu autor, seu contratante, as circunstâncias de sua produção etc. Problemas historiográficos, por outro lado, são os que se referem à interpretação ou caracterização do fato his-tórico – sua inclusão em determinada unidade histórica, sua relação causal com outros fatos ou circunstâncias, as razões de

2   Raymond Aron, *Dimensiones de la Conciencia Histórica*, Madrid: Tecnos, 1962, p. 13.

3   Para uma definição do que entendo por arquitetura, fatos arquitetônicos, objetos de consideração historiográfica em arquitetura, remeto a meu livro, originalmente escrito em 1972, *La Estructura Histórica del Entorno*, 3. ed., Buenos Aires: Nueva Visión, 1985.

HISTÓRIA E HISTORIOGRAFIA

sua seleção como objeto de estudo, sua conexão com sistemas gerais nos quais pode ser envolvido etc. – que, por fim, levarão ao juízo histórico, ao significado que lhe é atribuído pelo historiador.

Embora toda a segunda parte desse trabalho seja destinada à análise de problemas historiográficos, a esta altura pode-se utilizar um exemplo para esclarecer a diferença colocada: no caso de se estudar a cúpula de Santa Maria Del Fiore, serão problemas históricos a determinação da data exata de sua realização, a intervenção exclusiva de Brunelleschi ou a participação de Ghiberti, e ainda os conhecimentos ou estudos que Brunelleschi possa ter efetuado antes de sua concepção. Ao contrário, serão problemas historiográficos aqueles que dizem respeito à relação da cúpula com a arquitetura do Renascimento e do gótico; o significado do processo do projeto inaugurado por Brunelleschi[4]; a interpretação do significado da cúpula como centralizadora do espaço interno, ou de seu valor simbólico na paisagem urbana etc.

Os problemas históricos são resolvidos por meio da pesquisa. Exerce-se a operação crítica para garantir a exatidão dos dados e sua pertinência. Trata-se de problemas de ordem técnica. Os problemas historiográficos, pelo contrário, estão comprometidos diretamente com a ideologia do historiador, pois realizam o recorte de seu objeto de estudo e de seus instrumentos críticos, para a definição da estrutura do texto historiográfico; tudo aquilo, enfim, que o levará à interpretação do significado dos fatos e, por fim, à formulação de sua própria versão do tema escolhido.

Este não é o lugar para se aprofundar em temas da teoria geral da história[5]. Mas não se pode evitar uma referência ao debate existente, há cerca de quarenta anos, principalmente entre historiadores e teóricos da história[6]. Na verdade, tanto

4   Cf. Giulio Carlo Argan, *Brunelleschi*, Milano: Mondadori, 1952.

5   Da extensa bibliografia sobre o tema, menciono alguns títulos básicos: Marc Bloch, *Introducción a la Historia*, Cidade do México: Fondo de Cultura Económica, 1952; Paul Veyne, *Cómo se Escribe la Historia*, Madrid: Fragua, 1972; Raymond Aron [1935], *La Philosophie critique de l'histoire*, 4. ed, Paris: J.Vrin, 1969.

6   Tema amplamente tratado por Paul Ricoeur, *Temps et récit*, tomo 1, Paris: Seuil, 1983.

a partir do campo da historiografia francesa, com a famosa Escola dos Annales, como dos epistemólogos anglo-saxões que, desde a década de 1940, começaram os ataques contra a historiografia narrativa, baseada no encadeamento de fatos únicos (acontecimentos) na estrutura de um relato ou "intriga" (argumento), acontecimentos que, por sua vez, respondem a ações individuais. Este modo de fazer historiografia caracteriza a história política que, tradicionalmente, foi "a" história. Com Fernand Braudel, o protagonismo se transfere do indivíduo para o grupo social, e à narração linear se contrapõe a multiplicidade dos tempos – as "durações"[7]. Certos instrumentos tomados da história econômica e das ciências sociais estão na base desta transformação, mas também outros campos de pensamento e investigação, como a geografia, estão envolvidos, pois o espaço adquire um papel protagonista[8]. Por um lado, produz-se um processo de autonomia da explicação histórica em relação à "autoexplicação" do relato; mas, além disso, o próprio objeto do estudo histórico muda: pois o sujeito da história, reconhecível, identificável, cede seu lugar a entidades anônimas – nações, classes sociais, mentalidades etc. A nova história é uma história sem personagens e, portanto, não pode ser um relato[9].

No âmbito anglo-saxão, por outro lado, discute-se a condição mesma do "acontecimento", sua verdadeira realidade, e se estuda amplamente o modo de integrar a historiografia às ciências nomológicas, de conciliar a aparente não repetitividade do acontecimento e a dificuldade de sua "explicação" com a formulação de leis próprias desse tipo de ciência.

Estreitamente ligado a essas questões está o modo de aproximação à interpretação histórica: a *compreensão* ou a *explicação*, esta última mais própria das ciências "duras", uma vez que requer um rigoroso encadeamento causal. Os partidários dessa orientação acusam a "compreensão" de subjetividade. Porém, depois de aprenderem a aplicar estritamente a explicação causal, de acordo com supostas leis históricas, viram-se obrigados a, às vezes, "suavizar" o modelo original, até que este acabasse por perder a força.

---

7 Cf. *La Historia y las Ciencias Sociales*, Madrid: Alianza, 1968.
8 Idem.
9 Cf. P. Ricoeur, op. cit., p. 249.

HISTÓRIA E HISTORIOGRAFIA

O descrédito da história *évènementielle,* a história de acontecimentos e intriga ou argumento, a história narrativa, foi inquestionável durante várias décadas, enquanto florescia o que se chamou de *la nouvelle histoire.* No entanto, a perda de sua condição narrativa desembocou na impossibilidade de realmente compreender a história, motivo pelo qual se está voltando a uma consideração mais flexível, na qual a realidade narrativa do fato histórico não implica necessariamente a invenção de um argumento que o torne significativo, mas que busca um equilíbrio entre a condição intrinsecamente narrativa da história e o quadro mais geral da vida social, entre a compreensão e a explicação. Paul Ricoeur encontra na "imputação causal singular", proposta por Von Wright, uma possível "transição entre a explicação por meio de leis, frequentemente identificada com a explicação pura e simples, e aquela por meio da estrutura argumentativa, em geral identificada como a compreensão"[10].

A causalidade está, portanto, no centro da problemática historiográfica. Pode-se afirmar que a maioria dos estudiosos está de acordo de que não existem causas únicas, que a causalidade é irregular, confusa e global[11]; do mesmo modo devem ser feitas distinções entre causas e condições[12].

Outros problemas historiográficos básicos, tais como a seleção e a formação do objeto histórico, a ideologia do historiador, a multiplicidade de perspectivas possíveis para observar a história, foram amplamente tratadas em meu livro *La Estructura Histórica del Entorno.*

Essas considerações historiográficas são particularmente interessantes no momento de se pensar em um enfoque adequado para a compreensão da arquitetura latino-americana. Poder-se-ia dizer que a historiografia arquitetônica europeia tradicional foi eminentemente *évènementielle*: marcada por acontecimentos, isto é, obras e responsáveis diretos por essas ações. Além disso, apoiados em "argumentos" que marcam um começo primitivo, um período clássico de florescimento e

---

10 Idem, p. 254.
11 Cf. P. Veyne, op. cit., p. 187, e também o capítulo L'Intentionnalité historique, em P. Ricoeur, op.cit.
12 Cf. M. Bloch, op. cit., p. 43.

perfeição e um período barroco de decadência ou de confusão de valores. Assim nos mostraram, em seu momento, a arquitetura grega, a medieval e a renascentista. O caminho até a perfeição técnica foi outro argumento, utilizado por Choisy, por exemplo. E o percurso até a conquista final de uma arquitetura moderna foi o argumento utilizado pelos pioneiros da historiografia contemporânea, com seus heróis e seus réprobos, como tão bem nos descreveu Maria Luiza Scalvini[13].

A estrutura tradicional dos textos historiográficos e a dificuldade de inventar esse tipo de intriga ou argumento com o material latino-americano deve ter sido uma das causas da situação marginal das arquiteturas latino-americanas na historiografia geral. Uma história de tipo estruturalista, como aquela tentada no *La Estructura Histórica del Entorno*, pode mostrar-se mais apropriada para organizar o material americano. De fato, os mais recentes ensaios de construção de uma história geral de nossa arquitetura[14] movem-se em vários planos, entrecruzando linhas de desenvolvimento, sem cair, em momento algum, na narração linear única.

Pois bem, em uma aproximação à problemática historiográfica, mesmo quando esta se refira a um segmento muito específico como o arquitetônico, não se pode desconsiderar a referência a uma questão de fundo que, insistentemente, aparece no âmbito filosófico: a questão do fim da história, ou a dissolução da história, ou a definição de nossa época como pós-histórica.

O fim da história – ou melhor, da historicidade, segundo Gianni Vattimo, estaria marcado por uma série de características[15]: em primeiro lugar, pela dissolução da ideia de história como processo unitário, isto é, pela multiplicação e dispersão das histórias: o grande relato, urdido sobre a ideia do progresso da humanidade até uma meta certa – que variou do cristianismo ao Iluminismo ou à modernidade –, mostrou seu caráter ideológico e, consequentemente, legitimou a proliferação

---

13   Maria Luisa Scalvini; Maria Grazia Sandri, *L'immagine storiografica dell'architettura contemporanea da Platz a Giedion*, Roma: Officina, 1984.

14   Cf. Ramón Gutiérrez, *Arquitectura y Urbanismo en Iberoamérica*, Madrid: Manuales Arte Cátedra, 1983. Enrique Browne, *Otra Arquitectura en América Latina*, Cidade do México: Gustavo Gili, 1988.

15   Cf. *El Fin de la Modernidad*, Barcelona: Gedisa, 1987, p. 13.

das histórias. O progresso, fio condutor do relato histórico no mundo técnico, se esvazia de historicidade ao converter-se em um desenvolvimento mecânico de renovação contínua, "fisiologicamente exigida para garantir a pura e simples sobrevivência do sistema"[16]. Por outro lado, a ação dos meios de comunicação em massa, em particular da televisão, tende a "presentificar" todos os acontecimentos, a achatar tudo no plano da contemporaneidade e da simultaneidade, produzindo uma des-historização da experiência[17].

Ocorreria, assim, uma espécie de imobilidade tanto no desenvolvimento como na consciência desse desenvolvimento.

Deve-se advertir, porém, que essas definições da dissolução da historicidade aparecem como próprias do ponto de vista da modernidade, que assume o novo como valor e implica como corolários os conceitos de progresso e superação[18].

Situar a historiografia própria de nossos países em semelhante contexto exige o aprofundamento de vários temas, alguns dos quais tratados nesse livro, como a questão dos valores, a distinção entre história e crítica, o conceito de modernidade e, em especial, a relação centro/periferia, ou centro/margem, que aparece como uma questão crucial, tanto para a compreensão como para o projeto de nossa identidade.

16 Idem, p.14. Ver também G. C. Argan, *Progetto e Destino*, Milano: Il Saggiatori, 1965.
17 G. Vattimo, op. cit., p.17.
18 Idem, p. 97.

2. História Geral, História da Arquitetura, História da Arte

Embora os princípios básicos da historiografia geral sejam válidos para as historiografias particulares, é necessário estabelecer entre elas distinções, derivadas da natureza de seu respectivo objeto de estudo, que afetam tanto os métodos como a problemática historiográfica.

A distinção fundamental entre o objeto de estudo da historiografia geral e o das historiografias da arte e da arquitetura refere-se ao seu tipo de temporalidade: pois se em todos os casos o objeto possui tanto uma determinação espacial como temporal, para a historiografia geral o objeto deixou de existir no tempo, e o primeiro trabalho do historiador é fazê-lo reviver, por assim dizer, trazê-lo para o presente mediante sua descrição ou narração. Já o objeto das historiografias da arte e da arquitetura existe no presente por si mesmo, e o trabalho do historiador tem que partir dessa realidade presente. No primeiro caso, o protagonista é um acontecimento, um personagem ou uma cultura que teve lugar no tempo e desapareceu, deixando apenas certos testemunhos que permitirão seu conhecimento. No segundo, o protagonista – a obra de arte ou de arquitetura –, embora pertença a outro tempo e lugar, é, em si mesma, o testemunho histórico principal e

12   O INTERIOR DA HISTÓRIA: HISTORIOGRAFIA ARQUITETÔNICA

imprescindível, o que reúne em si os dados mais significativos para seu conhecimento.

Na historiografia geral, portanto, o historiador maneja fatos carentes de matéria física. Todas as suas referências sobre tais fatos são exteriores ao evento em si – crônicas escritas, plano de campanhas militares, decretos oficiais, cartas etc. Desse modo ficará em torno de seu problema até compreendê-lo e reconstruí-lo em sua própria mente. O conjunto de seus juízos começa a operar no próprio ato da reconstrução do objeto histórico, culminando no significado que aquele fato teve em seu próprio momento histórico, e, provavelmente em épocas sucessivas, chegando até o presente, em algumas ocasiões.

Diferentemente dessa situação, o historiador da arte ou da arquitetura encontra-se na presença do fato a ser examinado, que possui extensão física e permanência no tempo, desde o momento de sua criação até o momento em que se apresenta aos sentidos do historiador. Portanto, não lhe compete a tarefa de reconstruir mentalmente seu objeto de estudo, cuja presença é a condição mesma de sua tarefa[1].

Pois bem, do mesmo modo que o acontecimento histórico, a obra de arte ou de arquitetura cumpriu uma determinada função histórica no momento de sua produção e, talvez, em mais de um período subsequente, inclusive até a atualidade (não existe exemplo mais evidente deste papel permanente na história do que o da arquitetura greco-romana, com sua persistente presença ao longo dos séculos). Porém, diferentemente do acontecimento histórico, a consideração do fato artístico não se esgota no exame de suas circunstâncias históricas, pois sua permanência no tempo – sua permanência significativa no tempo – deve-se a uma qualidade extra-histórica, isto é, seu

---

1   Em todas essas considerações, por razões metodológicas, parti da suposição de que o objeto de estudo do historiador da arte ou da arquitetura é simplesmente a obra em si. Certamente, o objeto de estudo pode variar enormemente – e o elenco de problemas estudados neste trabalho assim o prova. Em todos os casos, porém, em última instância, existe um suporte físico sobre o qual seus estudos estarão baseados, um suporte que está presente diante do historiador, seja obra de arte, edifício, área urbana, desenho, croquis, projeto, todos esses objetos que não requerem reconstrução por parte do historiador.

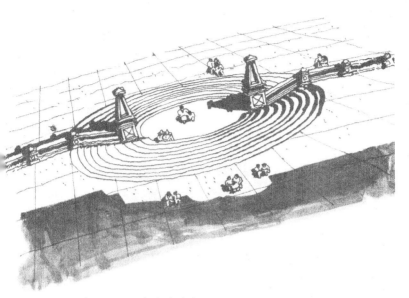

São Francisco de Quito, escadaria do átrio.

valor artístico ou arquitetônico, sua condição própria de obra de arte, de monumento.

Monumento não é o que dura, mas o que permanece: "O que permanece/fundam-no os poetas" é um dístico de Hölderlin que Heidegger frequentemente repete[2]. No caso da arquitetura, na verdade, "o que permanece" do evento original é uma forma física significativa. Não o evento inteiro: os usos sociais, as condições de produção, o entorno com seus respectivos usos e significados, o significado que o monumento teve para seus contemporâneos etc. etc. – tudo isso poderá ser estudado, investigado, reconstruído até certo ponto, e é parte da tarefa do historiador. O monumento, porém, é somente "pista, lembrança" do que aconteceu[3], e é o interesse ou o valor daquilo "que permanece" que nos inclina a estudá-lo.

Essa condição requer uma compreensão especializada, que, embora iluminada pelo conhecimento histórico, não se completa neste. A pergunta por aquilo que causou a permanência no valor da obra, por aquilo que constitui a própria essência

---

2   Apud Gianni Vattimo. *El Fin de la Modernidad*, p. 62.
3   Idem, p. 71.

Projeto de Bramante, publicado no tratado de Sebastiano Serlio, no terceiro livro de Os Cinco Livros de Arquitetura. (Desenho extraído do fac-símile da edição inglesa, de 1611).

de sua *qualidade*, é o que diferencia nitidamente a atividade do historiador da arte ou da arquitetura daquele que faz uma reflexão sobre a história geral, ou sobre algumas histórias particulares como a história econômica ou social. E dessa pergunta surgem os problemas historiográficos específicos, que dizem respeito exclusivamente a este campo de estudos, como também as metodologias de análises particulares.

Esta necessidade de atender à qualidade atemporal do objeto de estudo é necessariamente acompanhada da atenção à sua qualidade temporal, à sua condição de "fato" acontecido – neste caso, criado – em determinadas circunstâncias históricas. Diversos testemunhos não artísticos – escritos, planos, inventários, jornais etc. – permitirão elucidar os problemas históricos referentes ao nosso objeto – datação, autoria, processo de produção, origem de algumas ideias etc. Todos eles assumem o caráter de *documentos* referentes ao *monumento* em estudo.

Documento é, portanto, tudo aquilo que pode contribuir para esclarecer e completar as características históricas de um objeto de estudo que, por sua vez, constituem o monumento. Daqui, infere-se que a obra de arte ou de arquitetura pode ser considerada monumento quando é o objeto específico do trabalho historiográfico, mas poderá ser utilizada como documento por um historiador da cultura, que necessita obter dela os dados necessários para a compreensão da unidade histórica da qual se trata. Assim, as pinturas do Renascimento serão monumento para Berenson e documento para Burckhardt; as estações ferroviárias serão monumento para Giedion e documento para uma história econômica como a de Cole.

Assim, uma obra de arte ou de arquitetura pode ser um documento para a análise de outra obra: quando se quiser estabelecer uma filiação, ou um caráter tipológico, ou a importância da obra em estudo em desenvolvimentos posteriores ou na difusão de uma ideia arquitetônica.

A obra não comunica, com exatidão, dados de natureza cronológica; por sua vez, o documento não poderá comunicar com exatidão o significado da obra, cuja qualidade é intransferível. Sua contribuição, porém, será indispensável para alcançar um juízo histórico, que requer dados corretos acerca da filiação da obra, da formação das ideias que lhe serviram de base, de seu estado original, de suas funções ou destinos sucessivos etc. A obra dos arquitetos que atuaram na época colonial, por exemplo, seria incompreensível sem o conhecimento dos livros dos tratadistas que circularam nos países da América Latina. Como entender a escadaria de São Francisco em Quito sem conhecer o desenho de Serlio e apreciar plenamente a brilhante transferência efetuada pelo arquiteto para a escala monumental dessa praça quitenha? Da mesma forma, sobre as casas na pradaria, seria falso um juízo que não levasse em consideração as datas exatas de sua construção, pois seu significado variaria bastante se, em vez de produzidas por volta de 1909, fossem construídas por volta de 1929, por exemplo. Não é seu valor artístico que teria variado, mas sim seu significado histórico. Uma análise que não levasse em conta a datação da obra correria o risco de converter-se em uma consideração formalista ou funcionalista, sem profundidade histórica e, portanto, sem possibilidade de chegar a uma compreensão cabal da obra e de seu significado. Uma análise que desconsiderasse a origem das ideias arquitetônicas – que informam sobre a obra – deixaria as soluções sem explicações, as quais apareceriam como produtos geniais ou caprichosos, sem raízes culturais que lhe dessem sentido.

A história geral, por seu lado, recebe um inestimável auxílio da obra de arte ou de arquitetura, considerada como documento de uma cultura. Nela podem ser lidos os mais variados e extremos aspectos dessa cultura, desde seus hábitos cotidianos até sua concepção do mundo, representada pelo modo de conceber o espaço. Essa contribuição mostra-se mais valiosa para culturas mais distanciadas daquelas do mundo ocidental, em cujo caso os testemunhos escritos não bastam para captar o inefável presente de toda criação humana. Os trabalhos historiográficos que prescindem da consideração das obras artísticas e arquitetônicas como documentos, não conseguem explicar o sentido total de um momento histórico e apresentam, por assim dizer, uma visão unidimensional. Não é necessário ressaltar que nossa imagem do Egito antigo deve tanto ou mais à muda grandiosidade das pirâmides ou aos afrescos domésticos de algumas tumbas do que aos fatos políticos e guerreiros colhidos pela historiografia geral. Da mesma forma, não se imagina como chegar a uma compreensão do mundo medieval sem uma análise das cidades, das catedrais, dos edifícios públicos; ou do caráter da colonização no México sem os chamados conventos-fortaleza. Por seu lado, o sistema de perspectiva renascentista diz tanto ou mais do ideal humanista da Itália do século XV que as ações dos *condottieres*.

Há ainda outra diferença entre fato histórico e fato histórico-artístico: o grau de vontade consciente que o produz. "Muitos acontecimentos", disse Raymond Aron,

que são isolados – a tomada da Bastilha, a tomada das Tulleries – não foram provavelmente pensados por ninguém, de antemão. São o resultado que talvez nenhum indivíduo quisesse conscientemente, de inumeráveis gestos, resoluções, atos de indivíduos[4].

Por outro lado, há casos mais pontuais, como uma batalha, que pode ser o resultado de projetos individuais: "a batalha de Waterloo não respondeu exatamente aos projetos dos generais em chefe, mas aos espíritos de homens que pensaram no acontecimento antes que ele se realizasse"[5]. Neste último caso,

4 *Dimensiones de la Conciencia Histórica*, p. 60.
5 Idem.

HISTÓRIA GERAL, HISTÓRIA DA ARQUITETURA, HISTÓRIA DA ARTE

existiu, então, projeto. Porém, era um projeto duplo, de condição antagônica e com previsões opostas para os resultados. Na obra de arte ou de arquitetura – e ainda sem deixar de lado o vernáculo – a relação projeto/resultado é muito mais direta e o projeto existe sempre – materializado ou não – porque há um propósito consciente de produzir um resultado determinado, seja este plenamente alcançado ou não. A incidência da vontade do criador no resultado global variará segundo circunstâncias exteriores[6], mas existe de maneira concreta, e é possível ser analisada e confrontada com o produto final. É possível, por assim dizer, identificar um responsável fundamental pelo resultado, o que seria muito difícil de fazer em acontecimentos como a tomada da Bastilha.

Todas essas diferenças assinaladas entre o objeto da historiografia geral e os objetos das historiografias da arte e da arquitetura indicam a necessidade de diferenciar instrumentos e métodos para a exploração de causas, para a análise de dados, para todos os elementos que, por fim, conduzirão ao juízo histórico.

6   Marina Waisman, *La Estructura Histórica del Entorno*, p. 215s.

3. História da Arquitetura, História da Arte

Em várias ocasiões, o tratamento historiográfico da arte e da arquitetura seguiu normas comuns de apreciação, tratamento esse aparentemente autorizado por uma série de semelhanças entre os dois objetos de estudo assinalados anteriormente, como a dupla condição temporal e atemporal; além disso, o estreito parentesco em atitudes diante da forma que, em cada época, permitia definir um estilo comum, resultado de um tipo de visão compartilhada, e, em consequência, uma periodização que abarcava, igualmente, os dois campos de estudo (a ser lembrado, o caráter narrativo comum da arquitetura e da pintura góticas, ou a concepção em perspectiva do espaço na arquitetura e na pintura renascentistas, ou então o parentesco linguístico e de formas de visão entre o cubismo e a primeira arquitetura racionalista); a unidade da atividade artística de grandes artistas como Rafael, Michelangelo, Leonardo, Bernini, Giulio Romano, nos períodos do Renascimento ao barroco. O processo artesanal comum a estes dois campos de atividade tornava corrente, além disso, a transferência de ideias entre eles, situação que entrará em crise com a Revolução Industrial. Porém até finais do século XIX as teorias estéticas foram aplicadas igualmente na análise das artes plásticas e da arquitetura: o puro visibilismo, os conceitos de

HenrichWölfflin, a teoria tecnológica de Semper, o *Kunstwollen* de Riegl, sem dúvida, prestaram excelentes serviços para a compreensão de certas arquiteturas do passado.

Esta unidade teórica correspondia, além disso, ao âmbito de ação ocupada pelos arquitetos de então que, depois da separação produzida entre engenheiros e arquitetos no campo da prática projetual e construtiva, dedicaram-se de preferência àquelas tipologias que comportavam um interesse funcional e formal, com finalidades simbólico-comunicativas, enquanto os engenheiros se ocupavam do equipamento das indústrias, abastecimento, infraestrutura de serviços, ou seja, tudo aquilo relacionado diretamente com necessidades puramente utilitárias, nas quais ficava para segundo plano a elaboração de imagens de prestígio. As preocupações técnicas, por outro lado, passam para segundo plano na tarefa do arquiteto, em favor da criação de novas tipologias e sua expressão formal, buscada mediante o uso de códigos que a convenção social transformará em leitura corrente: o gótico será lido como arquitetura religiosa e, na Inglaterra, como arquitetura nacional; a arquitetura clássica será lida como ordem, permanência e solidez, ou então como igualdade e democracia; uma prisão será, muito provavelmente, românica, e assim sucessivamente.

No entanto, o uso – e abuso – da linguagem simbólica que, na primeira metade do século XIX, equivalia a uma declaração de princípios, a uma tomada de posição ideológica, paulatinamente levou à desvalorização da própria linguagem. É que

as prioridades da produção industrial desestimularam o expressionismo fisionômico nos edifícios (já que o individualismo expressivo subutiliza as técnicas de produção em massa) e, ao contrário, estimularam o ecletismo estilístico como alternativa para individualizar os edifícios (já que o estilo, quando separado da construção, serve aos fins da produção em massa e ao consumo, ao mesmo tempo que mantém a ilusão da individualidade)[1].

Até a última metade do século XIX, a linguagem havia se transformado em uma roupagem intercambiável e substituível, perdendo suas conotações ideológicas (era prática corrente a

---

1   Demetri Porphyrios, Notes on a Method, *Architectural Design*, n. 51, London, 1981, p. 103.

apresentação de projetos com duas ou três versões diferentes somente em sua linguagem); passa ao primeiro plano a organização funcional das plantas, explicitamente formulada por Durand, ou seja, a apreciação e o reconhecimento das mudanças sociais que exigiram a invenção das novas tipologias funcionais. A partir de então seria possível, poucas décadas mais tarde, a revolução linguística do movimento moderno.

De todo modo, a mencionada dicotomia na atividade profissional justificava amplamente a unidade do enfoque crítico de arte e arquitetura através das teorias estéticas, com a advertência de que o presente ainda não estava incluído nessas considerações e de que, certamente, a produção da engenharia não havia sido incorporada no elenco de objetos considerados pelas teorias arquitetônicas nem pelos trabalhos historiográficos.

Porém, a periodização nos dois campos, o artístico e o arquitetônico, que até aquele século seguira cursos paralelos, deveria perder essa condição. Na verdade, o desenvolvimento da arte pode ser percebido ao longo do século XIX como um encadeamento de ações e reações, de propostas e críticas, no qual uma série de conquistas formais vai quebrando a tradição da perspectiva renascentista e no qual, após uma intensificada destruição da forma, seguem-se diferentes linhas de sua reconstituição, em uma permanente busca de novos modos de visão. Do ponto de vista formal, as buscas em arquitetura não oferecem paralelo com essa trajetória. Como se disse, obedecem a necessidades funcionais interpretadas ideologicamente, a representações simbólicas que conduzem ao manejo de diferentes códigos extraídos do acervo histórico e habilmente adaptados à expressão de novas tipologias. A arquitetura, diferentemente da arte, não elabora *formas de visão*, e sim *códigos de comunicação*. Ao desembocar na desvalorização da linguagem, parecia consumado o divórcio entre as teorias da arte e da arquitetura.

Para elaborar um juízo crítico sobre o período, deve-se, portanto, levar em consideração o enfoque particular do *funcionalismo* que ocorreu. A função desempenhou um papel fundamental na criação arquitetônica, papel que foi obscurecido na reflexão posterior por uma visão centrada em problemas estilísticos ou de uma moralidade construtiva particular. Todas essas questões ficaram subordinadas à expressão da função e este é um caso, como muitos que serão examinados adiante, no qual o instrumento da observação dificultou o entendimento do fenômeno observado. (Vale a pena também confrontar este modo de entender o funcionalismo com aquele que, em décadas posteriores, proclamaria o movimento moderno.)

A separação entre a linguagem e a tectônica da arquitetura foi, na verdade, um dos eixos ao redor do qual se movimentou a crítica à arquitetura do ecletismo e, consequentemente, um dos principais fatores de estímulo à reunificação do organismo arquitetônico, tentado primeiramente nos movimentos do Art Nouveau e depois, mais consciente e programaticamente, no movimento moderno. Aparecia assim, em primeiro plano, uma questão especificamente arquitetônica, que obrigava o pensamento arquitetônico a desviar-se do caminho comum percorrido com o pensamento artístico, ao exigir uma reflexão específica.

Com certeza, a reflexão dirigida exclusivamente a problemas arquitetônicos existia há muito tempo, desde que se começou a escrever sobre arquitetura, fundamentalmente, desde Vitrúvio. Porém, no seu caso, como em grande parte dos escritos ao longo dos séculos, o enfoque correspondia mais a uma teoria do que a uma historiografia da arquitetura. Em seguida, devo voltar ao tema da teoria e da história; destaco por agora que os escritos de Vitrúvio constituem uma enciclopédia de conhecimentos relativos aos mais diversos aspectos da arquitetura, da construção aos significados míticos. Mas a conhecida tríade vitruviana, que indica como essência da arquitetura as qualidades de funcionalidade, solidez e beleza (*utilitas, firmitas, venustas*), permaneceu como base do pensamento arquitetônico, através dos séculos, apresentando o problema, ao que parece insolúvel, de emitir juízos, nos quais apareceram coerentemente relacionados e apreciados, os três termos mencionados[2].

Pois bem, nos dois primeiros termos da tríade já está descrita uma condição do objeto de estudos da historiografia

---

2   Geoffrey Scott, *The Architecture of Humanism*, New York: Doubleday & Co., 1924, p. 15s. A primeira edição é de 1914. O autor estuda as possibilidades de uma crítica baseada nos valores vitruvianos, chegando à conclusão de que eles exigem três formas diferentes de crítica.

arquitetônica que o diferencia do objeto artístico: isto é, o grau mais direto de compromisso com a realidade, a partir de um ponto de vista pragmático. No aspecto técnico, até a Revolução Industrial, o paralelismo entre a produção arquitetônica e a artística, como já se destacou, foi considerável: eram irmanados pela técnica artesanal e pela escala da produção nestes aspectos essenciais. Porém, a partir das transformações tanto nas técnicas construtivas como na escala de produção da arquitetura, o processo de produção se diferenciou não só do ponto de vista da concepção e da execução técnica, mas também da totalidade de tal processo, em que permanecem envolvidas forças muito mais complexas que em épocas anteriores, tanto no que se refere às relações urbanas como às de comitentes, usuários, promotores etc., forças econômicas, administrativas, que não incidem diretamente na produção da obra de arte. A incidência do ato projetual no processo total da produção, que no passado foi bastante semelhante tanto para a produção arquitetônica como para a artística – ainda quando a intervenção da mão de obra estranha ao artista adquiria bastante peso –, ocupa agora um lugar completamente distinto em ambos os processos[3].

Refiro-me, certamente, à arquitetura destinada a ser construída, executada ou não, e não à arquitetura desenhada, à arquitetura concebida como um fato puramente artístico, que ficou bastante comum nos últimos anos, e que compartilha com a arte moderna sua condição de *l'art pour l'art*. Esta condição do artista criando livremente e oferecendo depois seu produto ao mercado – no qual, na realidade, ele mesmo contribui para criar um público – separava-o do arquiteto, cuja produção está necessariamente ligada a uma solicitação, a um cliente determinado, e não é fácil de ser concebido como um ato que nasceu da iniciativa do próprio arquiteto (ainda que essa forma de ação seja praticada em algum momento nos países desenvolvidos). A situação não mudou para a atividade profissional corrente: mas, agora, existe a produção "gratuita", por assim dizer, destinada a ser exibida em galerias de arte ou em publicações especializadas. De modo que nesse terreno não seria correto estabelecer distinções muito taxativas entre o objeto de ambas

---

3   Cf. Gianni Vattimo, *El Fin de la Modernidad*.

24   O INTERIOR DA HISTÓRIA: HISTORIOGRAFIA ARQUITETÔNICA

as historiografias: pelo menos um tipo de atividade arquitetônica permanece semelhante ao caráter da atividade artística.

Existem, no entanto, arquiteturas desenhadas que não têm propósitos estéticos como finalidade fundamental, mas que se colocam como modos de refletir sobre a arquitetura, como modos de pensar os mecanismos da criação arquitetônica (Franco Purini), ou de ensaiar formas de estruturar os elementos arquitetônicos (John Heyduk), de explorar criticamente a realidade arquitetônica (OMA), de desenvolver ideias arquitetônicas ou urbanísticas (Oswald Ungers), ou, ainda, de analisar as tendências da arquitetura tão extremadamente que se chega ao limite da utopia (Piranesi) etc. Esta produção, de grande importância na década de 1980, tem seu lugar específico como objeto da historiografia arquitetônica e, embora possa apresentar indubitáveis valores estéticos, distancia-se, por seus objetivos, do objeto artístico propriamente dito.

Desde o Renascimento há, de forma explícita, uma diferenciação essencial entre ambos os objetos de estudo, e é a distinção referente à *instância do projeto*, etapa essencial do processo de projeto da arquitetura, que só poderia encontrar um paralelo muito relativo nos esboços prévios utilizados pelos pintores em certas e determinadas épocas. Pois essa etapa desaparece em grande parte da pintura moderna – a pintura gestual, os diversos informalismos, a arte pop etc. Além disso, o esboço desempenhava, em alguns casos, o papel bem geral de guia ou organização espacial do quadro, sem significado próprio; em outros casos, pelo contrário, constituía um objeto acabado em si mesmo, que poderia chegar a servir de "modelo" ao futuro quadro, mas que conservava um valor, por assim dizer, autônomo e, em determinadas ocasiões (David), com um tipo de expressividade muito diferente daquela que depois teria o quadro.

Na verdade, a relação entre esboços, projeto e execução é um dos temas apontados por Bruno Zevi como específico da historiografia arquitetônica[4]. Pois o projeto em si, destinatário da concretização das ideias arquitetônicas do criador, é, por sua vez, a última etapa de um processo que pode seguir diver-

4   *Architettura in Nuce*, Firenze: Sansoni, 1994.

sos caminhos – sucessão de croquis, esboços, apontamentos parciais ou globais, maquetes etc. – que servem para fixar as ideias formais, para sua elaboração e ajuste, e que culminarão em traduzir para o sistema de notações próprio do projeto construtivo, com suas convenções relativas a plantas, elevações, perspectivas etc., assim como para a representação de instalações e equipamentos.

Os croquis de Alvar Aalto[5] ou os esboços e apontamentos precisos de Le Corbusier, em realidade, revelam mais sobre seu processo de projeto que muitas páginas escritas; as elaboradas aquarelas de Schinkel lançam uma luz muito particular sobre as ideias correntes a respeito do neoclassicismo. Por seu lado, as maquetes em grande escala de Kevin Roche indicam, inequivocamente, o espaço interior como ponto focal de seu projetar.

O projeto, por sua vez, constitui uma entidade com significados próprios e completos em si mesmos, pois implica uma projeção em direção ao futuro, uma proposta sobre modos de vida, modos de percepção do espaço e da forma, modos de relação com o meio urbano ou rural, modos de conceber a tecnologia etc. Depois essas ideias tomarão dimensões e características particulares na obra construída, pois nela participarão como protagonistas da qualidade física da matéria, da cor, da luz, que no projeto só podem ser deduzidas intelectualmente. Na obra, desempenharão um papel, no primeiro plano, a percepção sensível, a vivência real do espaço e, com o correr do tempo, o grau de visibilidade da proposta, confrontada agora com a realidade da vida social e do entorno físico concreto.

Essa forma especial da produção arquitetônica faz com que existam, ao longo da história, numerosos objetos de reflexão em forma de projetos ou croquis que não chegaram a converter-se em obras, mas cuja presença e, às vezes, influência na história da arquitetura são inegáveis: desde os projetos utópicos até os apresentados em concursos, mas não premiados ou construídos, ou os projetos que permaneceram no papel por qualquer razão alheia a seu propósito inicial, o elenco é numeroso e sua consideração historiográfica, inevitável. Pense-se, por exemplo, na atual vigência dos projetos

---

5 Cf. *Summarios*, n. 20-21, 1978 (dedicado a Alvar Aalto.); *Summarios*, n. 71, nov. 1983 (dedicado a Franco Purini).

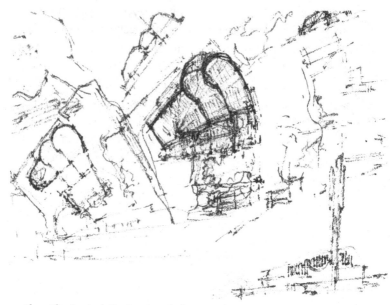

Alvar Alto, Igreja de Imatra, croquis de anteprojeto.

de Ledoux ou Boullée, ou no peso dos projetos dos tratadistas do maneirismo na América Latina, ou na grande inversão de gosto produzida pelos primeiros projetos "pós-modernistas" que permaneceram no papel, ou na Argentina, no notável desenvolvimento do pensamento sobre arquitetura hospitalar produzido pela série de concursos dos anos de 1960, a maioria dos quais não chegou a ser construída.

Pode-se afirmar, portanto, que esses componentes do processo de projeto, anteriores ou independentes à execução da obra, apresentam uma problemática complexa, aqui apenas esboçada, que contribui para diferenciar em um novo aspecto o objeto da historiografia arquitetônica daquele da artística.

De fato, a historiografia arquitetônica foi, progressiva e definitivamente, separando-se da historiografia da arte, até constituir-se, no século XX, em um campo específico de pesquisa. Desde as "vidas" de Vasari ou de Bellori, que se ocupavam igualmente de pintores, escultores e arquitetos, aos estudos de Ruskin ou à *História* de Choisy, o caminho foi claramente se afirmando nesse sentido. Nos últimos cinquenta anos, a disciplina se viu enriquecida por algumas gerações de brilhantes historiadores. Cada um deles, de Pevsner a Banham, de Argan ou Zevi a Tafuri, de Scully a Frampton, é expoente de uma posição filosófica particular e representa uma maneira própria de compromisso com a realidade. Porém, as antigas confusões – imposição de leis ou esquemas à realidade histórica, história descritiva e acrítica – apontadas no início deste trabalho, podem ser consideradas definitivamente desterradas nesta historiografia atual.

Assim, a historiografia latino-americana, assumida no passado recente por historiadores da arte, em grande parte, ainda requer muitos esforços para empreender um caminho próprio e eliminar erros. Em um estudo – único até o momento – sobre a historiografia da arquitetura americana, Ramón Gutiérrez distingue três períodos em seu desenvolvimento: o dos precursores (1870-1915), o dos pioneiros, durante o qual ganhou-se em "difusão, extensão e profundidade" (1915-1935), e o da consolidação historiográfica (1935-1980), caracterizada por um menor compromisso ideológico que a ação dos pioneiros, mas onde se percebe um maior rigor metodológico[6]. De todo modo, Gutiérrez assinala que

a historiografia sobre arquitetura americana conformou uma estrutura de conhecimentos que deu rigidez a uma ótica peculiar de ver a história com um sentido de inexorabilidade e finalismo que nos impede uma compreensão diferente[7].

E ressalta, como conclusão de seu estudo, o muito que falta por fazer, investigar e difundir; a necessidade de "explicar-nos a partir de nós mesmos, utilizando categorias de análises, escalas de valores e juízos críticos" que não sejam elaborados a partir de outros contextos[8]. E esse trabalho, certamente, tenta contribuir para tal fim. O mesmo autor publicou uma obra que abarca a totalidade do espaço e do tempo na arquitetura ibero-americana[9], em um volume que não pretende ser exaustivo, mas sim colocar ao alcance do leitor um quadro geral que leve a uma compreensão global do tema.

6   La Historiografía de la Arquitectura Iberoamericana: Entre el Desconcierto y la Dependencia Cultural (1870/1985), *Summa*, n. 215-216, ago. 1985.
7   Idem p. 40.
8   Idem p. 56.
9   *Arquitectura y Urbanismo en Iberoamérica*.

Porque, na verdade, abundam trabalhos parciais e ainda pontuais; faltava, porém, essa visão atual do conjunto. Nos anos recentes, multiplicaram-se as pesquisas e, pelo menos na Argentina, percebe-se um crescente interesse nos estudos históricos por parte dos arquitetos, especialmente das novas gerações. Em sua maioria, no entanto, vêem-se obrigados a ser algo como francoatiradores da cultura, pois não existem instituições universitárias ou estatais que contem com os recursos necessários para estabelecer programas permanentes e da necessária amplitude. Uma tarefa como a empreendida por sir Nikolaus Pevsner – o inventário de toda a arquitetura histórica inglesa – permanece, para nós, no reino da utopia.

4. História, Teoria, Crítica

História, teoria e crítica são três modos de refletir sobre a arquitetura, intimamente entrelaçados, frequentemente confundidos e que se diferenciam por seus métodos e objetivos e, além disso, cumprem funções distintas para o pensamento e a práxis arquitetônica.

No que se refere à história e à crítica, desde Croce, e depois com Lionello Venturi[1], sua indissolúvel unidade tornou-se bem clara. Ao longo do tempo, distintas pautas críticas foram introduzidas no trabalho histórico, para distanciá-lo do mito e aproximá-lo de uma tarefa científica: a crítica das fontes, os critérios de verossimilhança, a seleção por critérios de valor, conduzem todos a uma forma de aproximação à matéria histórica que é eminentemente crítica, que exige o exercício do juízo crítico em cada uma das etapas da elaboração do material.

Por seu lado, uma crítica que não atendesse à condição histórica do objeto arquitetônico analisado não poderia alcançar seu significado, uma vez que, como todo fato cultural, o fato arquitetônico está imerso na história e é inexplicável fora dela.

---

1   *Historia de la Crítica de Arte*, Buenos Aires: Poseidón, 1949, p. 11.

"Criticar", diz Manfredo Tafuri, "significa recolher a fragrância histórica dos fenômenos"[2].

Quanto à teoria, como se poderia realizar uma seleção e valoração do material histórico? Como poderiam ser estabelecidas pautas críticas sem o apoio de uma série de princípios, isto é, sem uma teoria? E, por sua vez, de onde uma teoria obtém seu sustento, sua fundamentação, senão da realidade, que é uma realidade histórica?

Eis aqui, portanto, resumidamente colocada, a estreita interdependência entre história, teoria e crítica. Tentaremos agora uma caracterização mais diferenciada.

Quanto à teoria, a distinção de sua natureza em relação à história pode ser definida do seguinte modo: teoria é um *sistema de pensamento* por meio do qual se organiza um conjunto de proposições lógicas; história é uma descrição crítica da sucessão dos fatos arquitetônicos. Para a seleção e elaboração de sua matéria, o historiador baseia-se em uma teoria; em todo "relato" histórico podem ser descobertos elementos de uma teoria; no entanto, permanecem implícitos, inarticulados; porque constituem uma hipótese de trabalho, não uma finalidade da exposição. A teoria, de alguma maneira, precede, dirige a investigação histórica. O material utilizado para elaborar o sistema teórico, por sua vez, foi extraído da história. Pois bem, os "produtos" de ambos os trabalhos são diferentes: o sistema em um caso; a descrição, no outro. Pelo mesmo motivo, os métodos são diferentes: para o teórico, será a abstração de conceitos a partir da análise dos objetos reais; para o historiador, será a pesquisa, a compreensão, a valoração e a interpretação de objetos reais a partir de conceitos[3].

A arquitetura, no entanto, é uma atividade concreta e prática e qualquer tipo de reflexão que a ela se refira conservará uma relação mais ou menos direta com a práxis. Daí que a teoria, definida como sistema de pensamento, pode assumir a forma de uma *normativa*, isto é, um sistema de leis ou normas que determinam como a arquitetura deve ser, o que foi habitual no passado e, ainda em tempos recentes, no ensino. Ou então pode ser uma *poética*, isto é, o enunciado de uma concepção,

2   *Teoría y Historias de la Arquitectura*, Barcelona: Laia, 1973, p. 11.
3   Cf. Raymond Aron, *Dimensiones de la Conciencia Histórica*, p. 19.

HISTÓRIA, TEORIA, CRÍTICA

não mais universal, mas particular de um arquiteto ou grupo de arquitetos, a base de sua proposta, sua própria definição da arquitetura tal como pretende praticá-la. A teoria pode também assumir a forma de uma *filosofia* da arquitetura, isto é, de uma concepção generalizadora em busca de princípios universalmente válidos, mais ligada à especulação do que à realização.

Em todos os casos, como já foi dito, o material no qual se baseia a reflexão teórica, em última instância, provém de uma realidade factual, constituída pelas criações arquitetônicas e os problemas, ideias e temas de análise a elas referentes. E essa dependência em relação à história uniu-se à moderna rejeição a uma normativa para impulsionar a concepção de teorias da arquitetura baseadas conceitualmente na história, teorias que poderíamos denominar historicistas[4].

Quanto à crítica e à história, nos dois casos poderia ser tentada uma distinção entre *atividade* e *atitude*: isto é, atividade do crítico ou do historiador, por um lado; atitude crítica e atitude histórica, por outro. Como atividade, a do historiador consiste no estudo e interpretação da arquitetura do passado – considerando, com certeza, que o passado inclui o tempo mais recente – e sua organização no tempo, segundo critérios distintos, conforme mencionado no capítulo 1: seja o da narração ou o da aproximação nomológica; organização que poderá ter diversos protagonistas – os objetos de estudo do historiador[5].

A atividade do crítico consiste no comentário da arquitetura do presente, refere-se ao acontecer diário da arquitetura: à identificação de novas ideias, à avaliação e interpretação de novas obras ou propostas, ao descobrimento de novas tendências. Com sua reflexão, contribui para a tomada de consciência de situações e, no caso do crítico latino-americano, cumpre um importante papel na tomada de consciência do significado que o tema examinado possa ter para nossa própria cultura ou nossa práxis profissional.

---

4   Esta concepção está presente nos trabalhos de Bruno Zevi. Como teoria desenvolveu-se especificamente em Enrico Tedeschi, *Teoría de la Arquitectura*, Buenos Aires: Nueva Visión (várias edições).

5   Sobre a seleção e formação do objeto de estudo do historiador, ver Marina Waisman, *La Estructura Histórica del Entorno*, p. 29s.

32 O INTERIOR DA HISTÓRIA: HISTORIOGRAFIA ARQUITETÔNICA

No entanto, em situações que escapam ao quadro profissional existente, pode ocorrer que o papel do crítico, como salientou Reyner Banham por volta de 1968, seja simplesmente o de observar a realidade, descobrindo fatos arquitetônicos interessantes e chamar a atenção do espectador para eles, interrompendo momentaneamente o juízo, até que seja possível construir novos parâmetros capazes de desvelar a estrutura significativa dos novos fenômenos[6]. Tal é o caso da arte pop ou da arquitetura vernácula, a primeira delas "descoberta" pelo grupo de críticos encabeçado por Banham, a segunda consagrada como de alto interesse por Bernard Rudofsky em sua exposição e posterior livro, apoiados pelo Museu de Arte Moderna de Nova York[7]. Na verdade, chamou-se a atenção sobre esses fenômenos, exaltando valores ignorados ou desdenhados até então. Juízos baseados nos valores artísticos ou arquitetônicos correntes não permitiram sequer incluir esses temas entre os aceitos pela crítica. Portanto, a suspensão do juízo pode ser necessária em certa etapa da análise. Podemos imaginar o que talvez ocorresse ao adotar-se um critério desse tipo para o estudo da arquitetura histórica da América Latina; em lugar de forçar sua classificação nos moldes da história europeia, poder-se-ia encontrar, *a posteriori*, um sistema de organização que respeitasse as qualidades e características do material estudado. Isso não foi possível, por um lado, pelo estado da crítica nas circunstâncias históricas nas quais esses estudos se produziram, mas também pela grande afinidade existente entre as arquiteturas europeias e as americanas, o que vedava a possibilidade de se descobrir as profundas divergências entre ambas.

Por conseguinte, o prolongamento dessa suspensão do juízo, além do estabelecimento de pautas, torna-se negativa, pois conduz à aceitação indiscriminada de todo fenômeno examinado. Não está alheia à situação certa crítica que, por medo de equivocar-se no juízo sobre uma proposta presumidamente revolucionária, tende à mera descrição sem arriscar valoração alguma. No entanto, crítica sem juízo de valor não é crítica. A função do crítico é precisamente a de emitir juízos – não,

---

6   Cf. El Crítico como Historiador. El Historiador como Crítico, *Summarios*, n. 5, Buenos Aires, mar. de 1977, p. 3. (Arquitectura y Crítica.).

7   *Architecture without Architects*, New York: Museum of Modern Art, 1965.

como salientou Croce, juízos laudatórios ou condenatórios, mas interpretativos e explicativos –, se quiser prestar serviços reais à comunidade profissional.

No entanto, como toda afirmação formulada no campo da cultura, pode acontecer que certos fatos venham a contradizê-la em algum momento histórico. Com efeito, nos últimos tempos, surgiu a possibilidade de uma crítica "autônoma", isto é, uma operação crítica que desenvolve seu próprio discurso, talvez a partir de um tema arquitetônico, mas que não pretende analisá-lo nem compreendê-lo, pelo menos explicitamente. Como tantas arquiteturas "autônomas", esse tipo de crítica não desempenha uma função precisa no campo da práxis arquitetônica – função orientadora ou esclarecedora –, mas que, ao cair no autismo, forma parte desse segmento da prática arquitetônica que chamei de "silêncio social"[8], e se aproxima, a meu ver, daquilo que Gianni Vattimo qualifica como "suicídio de protesto" do artista contemporâneo[9].

Há momentos históricos em que a função do crítico e a do historiador adquirem singular importância. Em anos recentes, a crise de modelos produzida pelo profundo trabalho de demolição da década de 1960 em relação aos ideais da arquitetura moderna, exigiu a atenção permanente para o desenvolvimento de ideias e o aparecimento de novas propostas que deviam ser lidas e interpretadas – e, se fosse possível, catalogadas e rotuladas – para tornar compreensível o confuso, e rapidamente modificável, panorama da produção arquitetônica. Porém, ao mesmo tempo, essa violenta descrença no passado imediato exigiu novas análises históricas, uma profunda revisão das ideias e realizações do movimento moderno e, rapidamente, essa necessidade estendeu-se a outros momentos históricos pouco considerados, ou mesmo desprezados, até o presente, nos quais se descobriam antecedentes fundamentais para as ideias de começos do século xx – caso dos arquitetos revolucionários franceses – ou então se exumavam grandes lições da arquitetura esquecidas durante anos, porque começavam a responder a inesperadas necessidades do gosto ou da disciplina

8   M. Waisman, Arquitecturas del Silencio, Arquitecturas de la Palabra, *Summarios*, n.126, 1988, p. 23-28. (Lo General y lo Particular.)
9   *El Fin de la Modernidad*, p. 53.

criativa – caso Palladio, caso Piranesi – ou então se exploravam métodos repudiados pela arquitetura moderna, que convidavam a reconstruir um caminho histórico interrompido – como as lições da Académie des Beaux Arts.

De modo que tanto a crítica como a história conheceram um notável florescimento, acompanhado de um refinamento de métodos que permitiu abordar questões linguísticas, urbanas, sociológicas etc.; enquanto o auge das publicações – livros e revistas –, das exposições e dos acontecimentos públicos que contribuíam para a difusão das ideias arquitetônicas produziu, também nesse campo, fenômenos de comunicação de massa, com tudo o que comportam de positivo ou negativo. Talvez se possa afirmar que nunca na história houve tanta gente refletindo e escrevendo sobre arquitetura e tornando públicas suas reflexões. E essa onda de reflexão que, como já foi dito, afeta particularmente a crítica e a história, estimula uma tomada geral de consciência, por meio da qual os arquitetos projetistas se veem necessitados a formular suas ideias não só mediante projetos, mas também através da palavra, escrita ou falada, que lhes permita justificar ou explicar tais projetos por meio de especulações teóricas.

Estas tendências tiveram seu correspondente eco entre nós, que, às já mencionadas exigências da cultura arquitetônica geral, soma-se a tomada de consciência da própria cultura e da necessidade de sua consolidação. O trabalho histórico, desdenhado pelos arquitetos praticantes até bem poucos anos, colocou-se no eixo de sua reflexão e acompanha a necessidade da formulação teórica de seu pensamento, a busca de uma orientação.

Estaria, então, o quadro do presente reservado ao crítico e o quadro do passado ao historiador (ambos intrinsecamente unidos à práxis profissional e às necessidades culturais e profissionais do momento em que se vive)? Voltarei ao tema em seguida.

Até aqui me referi às respectivas atividades e funções do historiador e do crítico. No que diz respeito às suas atitudes frente ao objeto de estudo, isto é, a seus métodos de trabalho e seus respectivos enfoques, em uma primeira aproximação pode-se afirmar que a atitude histórica implica a valoração e interpretação do fato com base em seu significado histórico, enquanto a atitude crítica implica a interpretação do fato com base em critérios de valor.

O significado histórico decorre de considerar o tema em seu contexto histórico, analisando-o em relação ao conjunto de acontecimentos, ideias e orientações que se entrecruzaram no momento de seu aparecimento. Daí surgirá uma particular valoração com relação a seus possíveis aportes, ao caráter crítico, transformador ou continuador das tendências existentes; ao modo como se interpretou a linguagem na obra, ou aos aspectos de gosto, ou aos cânones artísticos vigentes, o que permitirá discernir valores estéticos ou intenções críticas, por exemplo; à sua produtividade, isto é, ao grau com que contribuiu para modificar o desenvolvimento futuro em alguns de seus aspectos; ao grau com que contribuiu com o próprio sentido da história, pois cada nova obra, cada novo objeto que aparece na história, é suscetível de produzir transformações mais ou menos importantes no conjunto da história, passado ou futuro, visto que pode inaugurar novos pontos de vista, novos valores, novas formas de enfrentar a construção do entorno, que obriguem a revisar os modos de considerar a arquitetura de todos os tempos. O grau de participação do objeto examinado nessa qualidade é uma pedra de toque para compreender seu papel histórico, para avaliar seu "peso" histórico.

Os critérios de valor, próprios da análise crítica, por seu lado, abrangem todos os aspectos da produção arquitetônica – estéticos, tecnológicos, funcionais, éticos etc., e compete ao crítico estabelecer, em cada caso, a proeminência de uns e de outros, de acordo com sua própria escala de valores e com o caráter do tema examinado.

No entanto, os dois métodos mostram-se imprescindíveis na prática: o crítico, se desejar alcançar o significado da obra que estuda, não pode deter-se em uma mera avaliação; necessita considerar seu objeto de estudo no contexto histórico e definir o papel que pode desempenhar nele; de nenhum outro modo poderá identificar novas ideias, descobrir novas tendências, valorar novas propostas, contribuir para a tomada de consciência do significado que o tema examinado possa ter para a própria cultura, como indicado anteriormente ao referir-me às suas funções.

O historiador, por seu lado, não pode prescindir dos critérios de valor, que já aparecem desde o momento em que constrói seu objeto de estudo, ao proceder à seleção dos elementos que considera relevantes, segundo uma determinada valoração. Não existe maneira de "desenhar" um objeto histórico se não se partir de critérios de valor. Pois então, por que se escolhe, para formar um objeto histórico, esta ou aquela obra, este ou aquele autor, esta ou aquela ideia, senão, em primeira instância, porque se reconhece neles algum valor – ético, estético, tecnológico, urbano etc.?

Pode-se afirmar, portanto, que as duas atividades, a do historiador e a do crítico, precisam de métodos tanto históricos como críticos, ou talvez se deva dizer diretamente de um método histórico-crítico que, em cada caso, seria aplicado a tarefas diferentemente delimitadas no tempo e a objetivos diferentes.

Todavia, essas distinções ficam carregadas de ambiguidade quando entramos no âmbito da pós-modernidade e do historiador da arquitetura contemporânea. Porque o efeito de "presentificação" dos acontecimentos, a simultaneidade na percepção do tempo e do espaço provocada pela explosão de informações e a des-historicização do conhecimento – tudo é presente – fazem com que a tarefa do historiador da arquitetura contemporânea acabe por confundir-se com a do crítico. Ambos devem avaliar o que ocorre em um universo que se tornou unidimensional, um universo que perdeu sua espessura histórica. Ambos produzem material diretamente relacionado com a práxis profissional, sobre a qual seus escritos têm incontestável influência. Ambos, por fim, dão às suas reflexões a forma de um livro ou de um artigo. E mais, muitos livros recentes de grandes historiadores (caso de Joseph Rykwert, por exemplo), não são senão o resultado de uma compilação de artigos.

Talvez fosse possível, então, estabelecer como hipótese a coincidência entre historiador e crítico, entre história e crítica, não só em sua metodologia, mas também em sua tarefa profissional, ao menos no que diz respeito ao historiador da arquitetura contemporânea. Pode-se inclusive falar de coincidência de objetivos, uma vez que, em cada passo, ao aplicar seu próprio sistema de valores, o autor está tentando orientar a opinião profissional em uma determinada direção.

Novamente, fecha-se o círculo se considerarmos que a valoração e a análise, efetuadas tanto pelo historiador como pelo crítico, implicam uma teoria da arquitetura, uma ideia do que a arquitetura é ou deve ser, do que tem sentido na arquitetura ou não, teoria que é a expressão de uma ideologia.

Já se disse que a teoria pode ser normativa. Também a história pode tentar agir diretamente na orientação da práxis; converte-se assim em *história operativa*[10] e, além da intelecção dos fenômenos, trata de intervir, explícita ou implicitamente, em sua produção. Tal orientação acontece ao se colocar em ação certas interpretações do desenvolvimento histórico – as quais podem chegar a distorcer ou a omitir acontecimentos – que privilegiam uma linha de ação com a qual o historiador está comprometido ideologicamente. O *Pioneers of Modern Design*, de Nikolaus Pevsner[11], ou o *Space, Time and Architecture*, de Siegfried Giedion[12], estão entre os textos que indicavam claramente qual era, de fato, a arquitetura moderna e, além disso, deixavam entender que o moderno era o desejável, era a meta a alcançar. Maria Luisa Scalvini mostrou como esta primeira historiografia da arquitetura moderna assumiu o caráter de uma saga, na qual os mestres representavam os heróis que conseguiram levar a arquitetura a bom termo, superando de todas as vicissitudes[13].

Por seu lado, Viollet-le-Duc unira história e teoria, convertendo a história em instrumento de raciocínio teórico para extrair princípios gerais dos dados históricos, pretendendo, desse modo, propor um guia de projeto[14]. A influência atual dos meios de difusão torna muito mais efetiva e direta a ação de tais escritos do que no passado e, pelo mesmo motivo, compromete muito mais a atitude ética do historiador e do crítico. Sistema de valores e objetividade são alguns dos problemas que interessam diretamente a esta questão, problemas sobre os quais voltarei mais adiante.

---

10   Cf. M. Tafuri, op. cit., p. 255; B. Zevi, op. cit, p. 9.
11   [1936], *Pioneros del Diseño Moderno*, Buenos Aires: Infinito, 1955.
12   [1940], 4. ed., Cambridge: Harvard University Press, 1962.
13   M. L. Scalvini; M. G. Sandri, *L'immagine storiografica dell'architettura contemporanea da Platz a Gideon.*
14   M. Tafuri, op. cit., p.188.

5. Reflexão e Práxis

Já se mencionou que história, teoria e crítica são três modos de refletir sobre a arquitetura e já se destacou sua estreita relação com a realidade da produção arquitetônica. Tentemos definir mais precisamente alguns aspectos dessa relação.

A práxis fornece os objetos de reflexão; a reflexão, por sua vez, fornece os conceitos que orientarão a práxis. Explícita ou implicitamente, de modo coerente ou não, existe sempre um conjunto de conceitos – talvez expressos sob a forma de preferências ou convicções – subjacentes a toda ação. Pois uma ação provém de uma sequência de decisões e uma decisão se baseia, necessariamente, em uma avaliação das circunstâncias em jogo, em um sistema de valores. Em arquitetura, o sistema de valores é claramente proposto pela elaboração teórica e, de forma menos explícita ou sistemática, pela reflexão histórica ou pelo comentário crítico. Em todo caso, o arquiteto praticamente sofre o peso dessas ideias – desde sua formação acadêmica até o posterior bombardeio da informação.

Por outro lado, embora os objetos da reflexão venham da realidade, a problemática que comportam não se revela neles de modo direto ou evidente; é a reflexão que poderá descobrir ou revelar problemas e questões subjacentes na realidade

40 O INTERIOR DA HISTÓRIA: HISTORIOGRAFIA ARQUITETÔNICA

factual[1], pois o ato de formular questionamentos ou perguntas se baseia em conceitos, em ideias; e é sobre esses que os descobrimentos são produzidos; e depois, será a práxis que responderá (positiva ou negativamente) às perguntas ou exigências formuladas pela reflexão. Dessas respostas, poderá surgir, por sua vez, uma crítica às questões colocadas, a revelação da falsidade ou erro de uma determinada colocação teórica. Vários casos significativos, no século xx, nos apresentam exemplos dessa correlação teoria/práxis/crítica/nova teoria: em primeiro lugar, os postulados do movimento moderno, depois a teoria que deu sustentação às megaestruturas, ou às *new towns*, ou ainda as ideias sobre o participacionismo extremo. Em todos esses casos, um sistema de pensamento impulsionou uma série de ações ou criações que, na prática, revelaram aspectos inescapáveis da realidade histórica, ou fatores imponderáveis da conduta humana, que haviam sido deixados de lado. Como consequência, produziram-se situações que colocaram em dúvida as formulações originais, obrigando a sua revisão, crítica, reformulação ou, mais de uma vez, a uma mudança radical na colocação dos problemas.

O caráter de *contemporaneidade da história* foi estabelecido a partir de Benedetto Croce e não parece exigir novos argumentos. Muito mais no caso da historiografia arquitetônica, na qual, como se está comentando, a relação entre reflexão e práxis – ou seja, entre reflexão e interesses contemporâneos – não deixa margem a dúvidas[2].

Por outro lado, talvez convenha insistir na necessidade de uma *contemporaneidade da teoria*, em função da atual tendência de buscar soluções para a crise arquitetônica em teorias de séculos passados – as da École des Beaux-Arts, o conjunto de teorias do

---

1 Erwin Panofsky, *La prospettiva come "forma simbolica" e altri scritti*, Milano: Feltrinelli, 1961.

2 Sobre a contemporaneidade da história, ver B. Croce, *Storia como pensiero e come azione*, Bari: Laterza, 1943, p. 4: "O juízo sobre um livro de história deve ser feito sobre sua historicidade [...]. Já a historicidade pode ser definida como um ato de compreensão e de inteligência, estimulado por uma necessidade da vida prática". E mais adiante, p. 5: "A necessidade prática, que está no fundo de todo juízo histórico, confere a toda a história o caráter de 'história contemporânea' porque, por remotos que pareçam, cronologicamente, os fatos que compreende, na realidade, é história sempre referida à necessidade e à situação presente, em que aqueles fatos propagam suas vibrações".

século XVIII. Se a teoria deve ser um sistema de pensamento referido a uma práxis, apontar a problemática contemporânea e deve tentar a elaboração de conceitos adequados para resolver ou compreender tal problemática, que não pode senão diferir daquela de épocas passadas. É evidente que o acervo de conhecimentos e conceitos acumulados ao longo do tempo está longe de ser inútil. E, com certeza, existem lições, tanto na teoria como na práxis, que merecem uma pausada reflexão e que podem trazer orientações úteis, como ocorreu, por exemplo, com o conceito de tipo. Porém, a nosso ver, deve evitar-se o perigo de retornar pura e simplesmente a fórmulas que foram válidas em outro momento histórico. O fato de pretender aplicá-las diretamente na atualidade é uma atitude anti-histórica, que retira os conceitos de sua circunstância e os aliena em um âmbito histórico, de suposta validade universal.

Na realidade, essa atitude responde a uma crença em "essências", na arquitetura, como uma entidade dotada de atributos essenciais que estão acima de toda contingência histórica. A arquitetura, no entanto, é uma práxis, uma atividade humana inserida no transcorrer histórico, e responde a necessidades culturais ou aculturadas. Sem dúvida, uma reflexão filosófica sobre a arquitetura deverá ocupar-se de essências, mas isso não implica que a existência deva percorrer eternamente os mesmos caminhos. Em todas as suas formas, a reflexão deveria partir sempre da consideração do presente para compreender e aproveitar em toda a sua riqueza as lições do passado, sem cair em estéreis repetições.

Ao longo de muitos séculos, a tríade vitruviana – *firmitas, utilitas, venustas* – pareceu representar valores inamovíveis da arquitetura, valores que constituíam a própria essência da arquitetura. No entanto, todos eles foram desconhecidos ou negados explicitamente em diversos momentos da história. No século XX, em particular, foi negado o valor da beleza – na "linha dura" do movimento moderno, no brutalismo, na década de 1960; também no século anterior, estimulou-se a "feiura" na arquitetura, como signo de ascetismo. O conceito de solidez estrutural (*firmitas*), que implicava permanência no tempo e no espaço, foi menosprezado na década de 1960, quando mudança e flexibilidade erigiram-se como valores fundamentais. O valor da funcionalidade (*utilitas*) foi explicitamente recusado por várias correntes na década de 1970 – a *tendenza*, o pós-modernismo, o neoclassicismo.

Esses valores revelaram, também, seu caráter histórico, existencial antes que essencial, e, como consequência, nos inclinam a considerar historicamente todos os aspectos que se referem à reflexão arquitetônica.

Há, todavia, outro aspecto que nos interessa, especialmente nessa relação entre reflexão e práxis: mencionou-se acima que o ato de formular questionamentos ou perguntas se baseia em conceitos, ideias, e que a partir deles os descobrimentos são produzidos; afirmou-se também que os conceitos teóricos resultam da abstração do conjunto de elementos da realidade histórica. Porém, esta estreita relação entre realidade histórica, como fonte de elaboração de conceitos e depois como campo de aplicação e experimentação de tais conceitos, encontra-se distorcida nos países à margem dos grandes centros de produção intelectual porque, em geral, os conceitos utilizados como instrumentos para a exploração da realidade foram elaborados a partir de outras realidades, aquelas dos países centrais. Esses instrumentos vão se forjando em permanente diálogo com a realidade que, de certo modo, força o pensamento a elaborar os meios para penetrar além do já conhecido, a refinar cada vez mais seus procedimentos, a reformular seus métodos a cada vez, a partir da primeira operação de abstração.

Os conceitos instrumentais, portanto, não são neutros. Por um lado, seu processo de elaboração impregnou-os de pautas culturais da realidade onde foram formados; por outro lado, o operador – ou os sucessivos operadores – impregnará, igualmente, com sua própria escala de valores, relacionada, sem dúvida, com a realidade histórica na qual intervêm.

Pois bem, o primeiro passo – que é ao mesmo tempo o passo fundamental – para a resolução de um problema é sua definição. Esta definição consiste basicamente em um recorte que o observador faz da realidade, através do qual delimita uma porção da mesma e desmembra seus elementos de conflito. Sem dúvida, esta operação é sugerida pela própria circunstância histórica, depende, porém, em alto grau, do *instrumento de análise* utilizado pelo observador. O instrumento atua no

REFLEXÃO E PRÁXIS

próprio núcleo da operação, penetrando em determinadas fissuras, evitando outras, abrindo perspectivas ou ignorando conflitos. A escolha do instrumento, portanto, constitui uma decisão muito delicada, uma vez que assim como pode ajudar a descobrir problemas, pode contribuir para encobri-los. De modo que se utilizamos instrumentos surgidos e refinados em relação a uma realidade diferente daquela que pretendemos conhecer, é quase certo que, em vez de revelar os problemas reais, eles permaneçam escondidos, e problemas fictícios sejam "descobertos", problemas próprios das culturas originárias dos instrumentos em questão.

Essas afirmações baseiam-se na convicção de que, embora se possa admitir a existência de certos valores universais para a arquitetura – ou, ao menos, historicamente universais, como poderiam ser, neste momento, o bem-estar do cidadão comum ou a qualidade de vida –, no aprofundamento de qualquer tema saltarão aos olhos valores específicos de cada cultura ou modos de interpretar esses valores universais, grandemente diferenciados entre si.

Parece, pois, já amplamente demonstrada a pluralidade das culturas, concepção desenvolvida pelas filosofias da história desde o início do século XX (Spencer, Toynbee). Data, justamente, do século XIX a única filosofia da história moderna que pressupõe a unidade universal (o marxismo). Porém, além desta pluralidade das culturas, descartou-se também a ideia de uma história linear, reconhecendo-se a existência de uma multiplicidade cultural no seio de cada uma das culturas.

Por outro lado, nas últimas décadas, uma série de povos marginalizados tomou consciência de si e de sua posição no mundo. E a partir de uma tomada de consciência política produziu-se uma tomada de consciência histórica e cultural. Dessa forma, começou-se a desconfiar do mito do progresso representado pela imitação dos grandes países desenvolvidos, e a apreciar os valores culturais seculares dos países menos favorecidos econômica e tecnicamente. O processo de descolonização do mundo contribuiu para esta tomada de consciência, e com ela tornou-se do mesmo modo mais precisa a consciência da dependência cultural por parte daqueles povos que deixaram, talvez, já há muito tempo, a condição política de colônia, mas que não adquiriram, ao mesmo tempo, uma total autonomia econômica e/ou cultural, como é o caso dos países da América Latina, em maior ou menor grau.

Criou-se, portanto, uma necessidade de afirmação de valores próprios, geralmente obscurecidos pela dependência cultural, afirmação que exige um trabalho de esclarecimento e descobrimento. No caso da arquitetura, é necessário confrontar permanentemente a problemática real de cada lugar com os conceitos e valores convencionalmente aceitos, o que leva a estabelecer valores próprios e a revisar juízos que haviam sido formulados com base naquelas pautas. Por exemplo, durante longo tempo, considerou-se toda a arquitetura da América Latina como uma espécie de "cidadão de segunda classe" na história universal da arte, como consequência de ter sido analisada com a escala de categorizações eurocêntricas, estabelecida a partir dos desenvolvimentos arquitetônicos de alguns países centrais. E, na verdade, se o barroco americano for julgado com os sofisticados instrumentos necessários para compreender um Borromini ou um Guarini, com certeza, não haverá lugar na história nem para Santa Prisca de Taxco nem para a Capela do Sacrário de Bogotá. No entanto, essas obras se impõem com uma força inegável, que não admite apreciação negativa, e estão exigindo o desenvolvimento de novas pautas para suas adequadas valorações que, sem dúvida, serão diferentes das europeias e deverão estar ligadas à realidade latino-americana, ao seu entorno físico, ao seu particular desenvolvimento histórico, à sua função sociocultural etc.

Por outro lado, o projeto não é uma atividade científica: é de natureza ideológica e, portanto, comporta uma determinada visão do mundo, uma determinada concepção da vida social. Cada projeto, cada obra, constitui uma proposta de vida. Como consequência, o juízo emitido sobre essa obra requer um enfoque capaz de interpretar essa proposta diante da particular problemática à qual está dirigida.

Será, portanto, a problemática de cada unidade cultural[3] que servirá de base para determinar as pautas de valoração da proposta arquitetônica. Não é que existam modos diferentes

---

3   Sobre o tema da unidade cultural ver Marina Waisman, *La Estructura Histórica del Entorno*, p. 33, 43, 47.

de considerar o grau de excelência alcançado pela linguagem ou pela concepção espacial de um edifício; ou por sua capacidade para uma utilização adequada; ou por sua perfeição técnica. O que acontece é que podem ser designados diferentes pesos a cada um desses parâmetros, segundo o peso relativo que têm na problemática do grupo humano. Assim, as sofisticadas buscas de certa arquitetura atual nos países desenvolvidos, que se refere exclusivamente à linguagem e dirigidas a um público de eruditos, podem ser menos importantes, em nossos países, do que a forma como o edifício contribui para a qualidade da paisagem urbana, por exemplo. O avanço da tecnologia, em algum aspecto, pode ser considerado negativo ou discutível, se sua utilização for feita à custa da destruição de uma tecnologia regional de características positivas, ou se incluiu o início de um caminho sem possibilidades de permanência ou desenvolvimento. O emprego de uma nova tipologia introduzida no contexto mundial pode, igualmente, ser julgada negativamente apesar de sua originalidade se, como consequência, trouxe a ruptura de um tecido urbano ou uma contradição flagrante com o ambiente arquitetônico existente, destruindo a identidade de uma área urbana. E os exemplos poderiam multiplicar-se.

Da mesma forma que, em história, não se aceita o juízo sobre um período histórico em função dos valores de outro – por exemplo, não aceitamos considerar o maneirismo como uma deformação do Renascimento – tampouco podemos emitir juízos válidos sobre obras de uma cultura em função da escala de valores de outra cultura diferente. Isso foi amplamente aceito para a análise de culturas de origens muito diferentes da europeia, como as orientais; porém, não pareceu aplicável às culturas americanas coloniais que, geralmente, são consideradas como versões provincianas ou menores dos modelos europeus. No entanto, vários séculos de história, além de condições diferentes de desenvolvimento cultural em todos os aspectos, trouxeram como resultado a conformação de mundos culturais com características próprias que, apesar da persistência de cordões umbilicais mais ou menos evidentes, possuem uma personalidade histórica definida, marcada tanto por um passado como por um futuro próprios. E é talvez, nesse futuro, nesse projeto próprio de futuro, onde poderão ser detectadas mais claramente as profundas diferenças que separam os países centrais dos "marginais".

A busca dessas pautas de valoração, indispensáveis para a compreensão de nossa realidade arquitetônica, ocupará a segunda parte desse trabalho.

6. Subjetividade e Objetividade

Uma das condições que o leitor comum costuma exigir do historiador ou do crítico é a "imparcialidade" ou a "objetividade". Essa interpretação simplista da tarefa histórico-crítica tem, no entanto, uma justificativa: a de quem pretende não ser manipulado pelo escritor, com base em um melhor conhecimento do tema, mediante uma interpretação arbitrária ou tendenciosa da realidade em favor de determinada corrente ideológica.

Por outro lado, como já assinalado, é evidente que a partir de situações culturais diversas surjam diferentes pautas de valoração e, portanto, diferentes juízos e, pelo fato de inexistir uma escala universal de valores, deve-se aceitar certo grau de relativismo, ou de subjetividade, o que dá no mesmo.

A objetividade absoluta demandaria a existência de uma verdade única, de um único ponto de vista, o que, por sua vez, exigiria de um observador não pertencer a este mundo, que não tivesse recebido determinada educação, que não estivesse imerso em grupo social, época ou cultura alguma, uma vez que todas essas circunstâncias condicionam seu modo de ver o mundo e, portanto, seu modo de entender a arquitetura. Todo ser humano existe em um meio sociocultural que constitui o quadro obrigatório de seu pensamento. Isso não quer dizer que ele seja incapaz de superar limites impostos pelo meio – se fosse assim, a história não existiria –, mas trabalhará a partir do território onde seu pensamento começa a atuar. Já foi dito, e com razão, que não se pode pensar qualquer coisa em qualquer época.

As escolhas do historiador, ou do crítico, são afetadas por uma série de circunstâncias pessoais e de época. Entre as últimas devem ser considerados: o estado do pensamento filosófico, científico e historiográfico, a situação e a problemática sociopolítica; o estado da tecnologia; e no específico, o caráter da práxis arquitetônica e urbana – sua temática, a orientação do saber profissional, o papel do arquiteto na comunidade etc. – e o estado do pensamento arquitetônico e urbanístico. Seja no panorama internacional como no local, a isso deve somar-se o tipo de relação existente entre a práxis local e a internacional, entre o pensamento local e o internacional.

No plano pessoal, o juízo do historiador será influenciado por diversas circunstâncias, da mesma forma que por sua formação profissional (como arquiteto, historiador, historiador da arte...), por sua formação pessoal, por sua relação com grupos profissionais determinados cuja ação lhe interesse apoiar, ou que tenham influência em sua própria visão da arquitetura, terá peso também o tipo de atividade desenvolvida (docência, publicação periódica, livro etc.) e naturalmente, *last but not least*, sua própria personalidade.

Esse complexo conjunto de circunstâncias produzirá um enfoque particular dos problemas, uma ideologia arquitetônica específica. O enunciado superficial confirma o caráter subjetivo da determinação de uma escala de valores, uma subjetividade que, se respeitar os aspectos básicos da problemática enunciada, não poderá ser arbitrária ou caprichosa, mas representará uma visão particular da realidade histórica, enraizada na própria realidade.

Esse "momento" subjetivo na tarefa do historiador conduzirá, portanto, à formulação explícita ou implícita de uma escala de valores, bem como à escolha do objeto de estudo e dos instrumentos de análise. Pergunta-se: a tarefa histórica, portanto, ficaria sujeita à pura subjetividade? Os pensadores propuseram muitas soluções a esse dilema. Convém deter-se

Richard Meier, Casa Douglas, Michigan, 1971/1973.

Peter Eisenman, Casa III, Connecticut, 1971.

na proposta de Max Weber, que complementa esta etapa subjetiva com outra da mais estrita objetividade, determinando, assim, os limites do relativismo histórico e estabelecendo o equilíbrio necessário entre subjetividade e objetividade na formulação e na aplicação de uma escala de valores[1]. A objetividade exigida, uma vez definido o sistema de valores – que não é outra coisa senão uma hipótese de trabalho baseada em uma teoria da arquitetura –, consiste em guardar o mais absoluto respeito pelos dados da realidade. Ou seja, aceitá-los como se apresentam, sem tentar forçar os fatos para acomodá-los às hipóteses formuladas. Sem dúvida, isso exige um considerável grau de integridade científica, de amor à verdade e a decisão humilde de, ocasionalmente, reformular a hipótese, se a realidade demonstrar que esta era errada.

Um procedimento corrente na historiografia de todos os tempos foi, justamente, o escamotear de dados, a supressão daqueles fatos que destruiriam ou simplesmente ofuscariam a hipótese inicial. A organização de um "relato", com base em um argumento ou intriga, por exemplo, exige que cada acontecimento desempenhe um papel determinado e que o mesmo seja descrito de modo a garantir sua inserção no texto, desempenhando o papel determinado. Além disso, certos acontecimentos, que não desempenham papel algum no relato escolhido, serão suprimidos para manutenção do sentido geral. Esta operação não deve ser imputada à má-fé do historiador, mas ao próprio caráter da operação de recorte da realidade histórica, ao instrumento de análise utilizado e, basicamente, ao grau de rigidez de suas convicções. Por exemplo, a convicção de que a arquitetura moderna estava plenamente representada pela orientação de Gropius e do Ciam (Congresso Internacional de Arquitetura Moderna) fez com que, durante muito tempo, a historiografia ignorasse o movimento expressionista; o futurismo, por seu lado, foi amplamente castigado com o ostracismo historiográfico por motivos políticos; e muito tempo se passou até que, no Ocidente, começaram a ser conhecidos dados corretos e completos sobre a arquitetura revolucionária russa, a qual, como forma de reparação, foi muito estudada nos últimos anos.

---

1   Max Weber segundo Raymond Aron [1935], *La Philosophie critique de l'histoire*, Paris: J. Vrin, 1969, p. 218s.

SUBJETIVIDADE E OBJETIVIDADE

Da mesma maneira, o compromisso com determinados grupos profissionais conduz a elaborações historiográficas que nem sempre encontram posterior confirmação nos fatos. Basta citar dois casos, o novo brutalismo, definido por Reyner Banham, a partir da obra de seus amigos Peter e Alison Smithson e James Stirling. A primeira realização, mais comprometida do ponto de vista teórico, ou seja, a escola de Hunstanton dos Smithson, não pode situar-se rigorosamente na mesma linha que a obra neofuncionalista ou hiperfuncionalista do James Stirling daqueles anos. Aparece igualmente como ingrediente o uso do *béton brut*, do concreto aparente imposto por Le Corbusier e, por fim, sob o manto do brutalismo, acabaram abrigando-se expressões muito diferentes, que representavam mais uma corrente figurativa, uma corrente de gosto, do que propriamente uma ideologia arquitetônica, como havia sido o primeiro estrito enfoque dos Smithson.

Anos depois, fracassou também a tentativa de Colin Rowe de definir uma corrente neorracionalista com o que chamou The Five Architects. Rowe acreditou reconhecer nesse grupo – Richard Meier, Peter Eisenman, John Heyduk, Michael Graves e Charles Gwathmey – uma orientação comum de revisão e continuidade com a obra de Le Corbusier dos anos de 1920. Entretanto, todos eles negaram sua condição de grupo; e pouco a pouco ficaram nítidas as diferenças entre suas respectivas orientações, a ponto de ser difícil encontrar coincidências entre a árida abstração de Eisenman, o superlivre ecletismo historicista de Graves, ou o refinado esteticismo purista de Meier.

Outro caso clássico é o de Choisy que, inspirado em teorias evolucionistas – e aqui se comprova claramente a relação do historiador de arquitetura com o pensamento científico e filosófico de seu tempo –, foi selecionando exemplos históricos que lhe permitiram traçar uma linha evolutiva das estruturas portantes, explicando cada novo "passo" como um progresso, em um encadeamento linear muito atrativo e convincente, que deixava de lado todas as vacilações, desvios, tentativas falhas, vias mortas que emprestam sua cor ao tecido da história.

A exigência de objetividade para o historiador deve centrar-se, portanto, na adesão à realidade em toda a sua complexidade, de modo que o recorte que, forçosamente, deverá fazer, não distorça os traços fundamentais do território onde atua. De qualquer forma, ele deveria prevenir o leitor declarando, explicitamente, sua ideologia arquitetônica e o método a ser utilizado em seu trabalho[2], com o qual ficaria descartada toda manipulação do leitor, que estaria em condições de decodificar adequadamente a informação e os juízos que lhe são apresentados.

---

2 Lucien Goldmann, La Importancia del Concepto de Conciencia Posible para la Comunicación, em *El Concepto de Información en la Ciencia Contemporánea*, Cidade do México: Siglo XXI, 1966, p. 46. Um exemplo excelente do cumprimento dessa condição é o prólogo do livro de Kenneth Frampton, *Modern Architecture: A Critical History*, Oxford: Oxford University Press, 1980, p. 9: "Como muitos outros de minha geração, fui influenciado por uma interpretação marxista da história, embora mesmo a mais superficial leitura deste texto revelará que nenhum dos métodos estabelecidos de análise marxista foi aplicado. Por outro lado, minha afinidade com a teoria crítica da Escola de Frankfurt, sem dúvida, influenciou minha visão de todo o período, fazendo-me agudamente consciente do lado obscuro do Iluminismo."

Segunda Parte

**Conceitos Instrumentais
para a Análise da Arquitetura
a Partir de um Ponto de Vista
Latino-Americano**

Apresentação

Após a exposição dos elementos gerais que caracterizam a disciplina historiográfica, nesta segunda parte abordaremos alguns dos principais conceitos em uso para a reflexão e a investigação histórica, tentando formulá-los ou reformulá-los de modo que se tornem úteis para a compreensão da atividade arquitetônica da América Latina – e, em particular, a do Cone Sul, de onde escrevo –, que se diferencia, em parte, da de outros países por sua distinta origem étnico-cultural.

A escolha dos temas atende ao que se considera prioritário para esses fins, sem pretender abranger a totalidade das questões historiográficas.

1. Periodização

O trabalho histórico exige uma articulação do contínuo histórico que, ao definir unidades, permita situar os objetos analisados em um contexto que possibilite sua compreensão, ao mesmo tempo em que seja possível a relação desse conjunto maior com a totalidade da história. Essas unidades históricas são construções que o historiador realiza, em sua tentativa de compreender a realidade[1]. Aparentemente, a realidade é incoerente e é apenas a construção do pensamento que organiza (ordena) e busca relações que lhe deem sentido. Desde o surgimento da consciência histórica tentou-se distinguir períodos, dar-lhes um significado, descobrir um papel no devir histórico. Na história da arte e da arquitetura, esse afã de caracterizar períodos históricos torna-se aparente no Renascimento, juntamente com a consciência da modernidade da própria posição, da validade extra-histórica da arte antiga e da caducidade dos modelos medievais. Uma vontade consciente de mudança substitui o desenvolvimento "natural" das soluções arquitetônicas. Daí as denominações de arte ou "maneira" moderna, antiga e velha, que Vasari utiliza, respectivamente, para referir-se à arte renas-

---

1   Raymond Aron, *Dimensiones de la Conciencia Histórica*, p. 59.

centista, à greco-romana e à medieval; e também o pejorativo "gótico" que Rafael outorga a esse período, estabelecendo, pela primeira vez, uma explícita valoração negativa de um período artístico em função de um sistema de valores assumido.

Na historiografia geral, com o correr do tempo, as unidades históricas definidas para o mundo europeu pareciam cobrar validade universal. Fala-se assim de uma Idade Média americana – na qual jamais existiu organização feudal ou filosofia escolástica – ou de um império maia – que jamais teve imperador..., extrapolando termos sem aprofundar seus reais significados. As unidades históricas são definidas, na verdade, pelo historiador, mas devem ter um sentido, uma justificação; devem servir para compreender, não para confundir. A definição de uma unidade histórica se baseia em uma série de características alcançadas para diferenciá-la nitidamente de outras; e, por outro lado, seus limites terão que fixar-se nos momentos – mais ou menos precisos – em que possam ser detectadas as mudanças e as causas que as provocaram. O conceito de *causa* e o conceito de *mudança* estão na base da determinação de uma periodização.

Para a arquitetura europeia, a caracterização de cada período era baseada fundamentalmente em critérios estilísticos – mesmo quando os aspectos estilísticos fossem acompanhados das correspondentes formas espaciais e estruturais. Pois bem, esses critérios são coerentes com um desenvolvimento de tipo contínuo – ou pelo menos com um desenvolvimento no qual pode ser traçada uma linha de continuidade mais ou menos lógica, em que as ideias arquitetônicas vão se modificando e engendrando novas soluções, que adquirem características mais ou menos definidas até constituir o que se denomina um estilo, isto é, um código que possua elementos combináveis, uma determinada norma sintática e um desenvolvimento histórico[2]. A determinação dos limites do período será baseada na análise do início da formação do código, no processo de mudança em relação ao código anterior – quando este perde vigência e é substituído por novas normas sintáticas – e nas possíveis causas dessas transformações.

2   Cf. Henri Focillon [1934], *Vita delle forme*, Milano: A. Minuziano, 1945, p. 75.

*Templo de Metztitlan, México, um frontispício
que simplifica a tradição plateresca.*

Uma análise superficial da história europeia e da latino-americana revelará, de imediato, que nenhuma das duas pautas é aplicável à periodização da arquitetura no subcontinente. Na verdade, na América Latina não ocorreu um desenvolvimento estilístico coerente, ou que permita descobrir uma continuidade nas ideias arquitetônicas, pois, ao longo dos séculos, a arquitetura baseou-se em ideias transculturais, que foram interpretadas, modificadas ou transformadas de acordo com circunstâncias histórico-cultural-tecnológicas locais. Os artífices locais, em geral, não tiveram a oportunidade de aperfeiçoar códigos e, posteriormente, de engendrar novas ideias a partir de suas soluções, que quase sempre tiveram o caráter de soluções terminais – como no interessantíssimo caso dos chamados conventos-fortaleza mexicanos, do século XVI – precisamente, pela constante intrusão de novas ideias europeias, adotadas ou impostas pela situação de dependência política e/ou cultural.

Pela mesma razão, as causas e circunstâncias das mudanças estilísticas diferem profundamente em ambos os casos. Ao complexo conjunto de causas e circunstâncias históricas e culturais europeias contrapõe-se uma situação simplificada, na qual o condicionamento político assume papel preponderante,

Simultaneidade de períodos estilísticos na Catedral de Cuzco.

como também as circunstâncias sociais e econômicas. E, ademais, sutis mudanças culturais, de orientações de pensamento e, sobretudo, da marca pessoal do criador e do desenvolvimento interno das formas.

Obviamente, seria impossível descobrir o momento do início da elaboração de um novo código, ou os atos críticos que levam a rejeitar um sistema estrutural e a explorar um novo, ou mais ainda, o modo em que novas concepções de mundo se invertem em novas concepções do espaço[3]. As circunstâncias materiais e as pragmáticas prevalecem quase sempre sobre as orientações do pensamento, uma vez que, no campo arquitetônico, este não alcança uma trajetória autônoma contínua que lhe permita impor ou ao menos fazer valer suas próprias pautas. Os significados culturais não explicitados, as características das longas durações aparecem mais evidentes que as expressões de médias e curtas durações, próprias das mudanças estilísticas europeias.

Por outro lado, deve-se recordar que as ideias arquitetônicas europeias não chegaram à América em ordenada sequência

---

3 Sobre esta relação ver Giulio Carlo Argan, *El Concepto del Espacio desde el Barroco a Hoy*, Buenos Aires: Nueva Visión, 1963.

cronológica, mas pela mão dos mais variados artífices que, por sua vez, viviam períodos estilísticos diferentes, segundo sua procedência ou educação. E assim em toda a América Latina abundam os anacronismos. No México, por exemplo, góticos tardios intercalam-se com maneirismos e renascimentos, platerescos e finos renascimentos italianos, vestígios românicos e estruturas indígenas, contemporaneamente e até em uma mesma obra. Daí que uma periodização baseada em critérios estilísticos ou de concepção espacial, ou de desenvolvimento estrutural, resulte artificial para nossa arquitetura, e possa determinar, em resumo, alguma coincidência temporal com períodos europeus.

Em um trabalho sobre a arquitetura argentina, frente ao problema da periodização, decidi rejeitar esse tipo de pauta[4], atendendo às razões expostas acima. A pesquisa me levou a afirmar a importância das condições sociopolítico-econômicas na produção arquitetônica e a destacar, em consequência, o valor dos tipos de edifícios que constituem a resposta direta às exigências programáticas da sociedade e que, portanto, mostram-se mais diretamente ligados às circunstâncias a-estéticas. Parecia mais certa sua condição de pautas para caracterizar um período do que as características estilísticas, impossíveis de fixar, ou a ação de atores ou pensadores que tiveram envergadura suficiente para marcar um período com sua obra. A hipótese, uma vez aplicada à realidade histórica, mostrou-se útil e correta até as primeiras décadas do século XX, quando, pela primeira vez, tem início um debate teórico no qual posições tradicionais se enfrentam com novas ideias, ambas originalmente provenientes de correntes europeias do pensamento arquitetônico, e, por outro lado, aparecem posições nacionalistas que tentam, sem maior êxito, achar um caminho próprio para a cultura arquitetônica local.

Essa irrupção do pensamento, ainda quando seu grau de originalidade tenha sido relativo, introduziu uma nova pauta que teve que considerar a periodização, pois embora a produção arquitetônica global permanecesse estreitamente ligada à circunstância político-econômica, as respostas diferiram em seus significados e a distinção de tipologias funcionais já não

---

4   Cf. Esquema de la Historia de la Arquitectura Argentina, *Documentos para una Historia de la Arquitectura Argentina*, Buenos Aires: Summa, 1984.

era suficiente para obter um quadro realmente representativo do desenvolvimento histórico.

Dessa experiência, pode-se inferir que as pautas para estabelecer uma periodização não só podem ser distintas de uma cultura a outra, mas podem, da mesma forma, ser diferentes para diversos períodos da história em um mesmo país. Quando novos elementos, inexistentes no passado, interveem pode tornar-se indispensável incorporá-los para a definição de uma unidade histórica. Para o caso da América Latina, em geral, acredito que as pautas extra-arquitetônicas, aquelas que se referem ao contexto social em todos os seus aspectos, desempenham um papel preponderante para a periodização ao longo do período colonial e do século XIX; enquanto, ao começar o século XX, é necessário incorporar os aspectos ideológicos específicos da arquitetura, as correntes arquitetônicas tanto próprias como universais.

Pois bem, em nosso século XX é impossível estabelecer periodizações baseadas no estilístico, devido à pluralidade e coexistência de orientações arquitetônicas diversas. Cada vez mais, o pluralismo é o signo predominante na arquitetura atual. Portanto, talvez fosse mais acertado distinguir períodos pelas tendências ideológicas globais do que por pautas tradicionais. Falamos agora, normalmente, de décadas para esse século – que não implicam, com certeza, limites precisos, mas sim algo como subunidades históricas. Algumas delas aparecem fortemente caracterizadas, como a década de 1960[5], por exemplo, ou o período do segundo pós-guerra, que abarca precisamente a década de 1950. Esta observação, válida para a arquitetura dos países centrais, também o é para os nossos que, à sua maneira e com maior ou menor atraso, retomam e reelaboram as correntes universais do pensamento arquitetônico. (Aqui a "década de 1960", por exemplo, estendeu-se até 1975 ou 1976.)

Em conclusão: as mudanças estilísticas não fornecem pautas confiáveis para uma periodização da arquitetura na América Latina; os dados que regem a produção mostram-se mais apropriados, da mesma forma que, para as últimas décadas, as ideologias predominantes mostram-se relevantes.

---

5   Cf. Marina Waisman, La Revolucionaria Década de 1960, *Summa* n. 200, maio, 1984.

2. Continuidade/ Descontinuidade

"O conhecimento histórico não tem por objeto uma coleção de fatos reais isolados, mas alguns conjuntos articulados, inteligíveis"[1]. Essa necessidade de definir articulações no devir histórico encontra seu necessário complemento no conceito de continuidade histórica, pois é indispensável partir de algum tipo de desenvolvimento sustentado no qual serão efetuados os cortes ou serão percebidas as mudanças de direção que levem à definição das unidades históricas. No entanto, como já foi dito, os fios que aparentemente percorrem de forma contínua a história são construções historiográficas. Acontece que, na história da arquitetura, a sucessão no tempo não se dá de forma linear, mas, além disso, mesmo dentro do mesmo organismo arquitetônico, são produzidos diferentes ritmos de desenvolvimento, saltos e anacronismos[2]: um avanço no figurativo pode ser acompanhado de um retrocesso no estrutural, ou vice-versa – fala-se aqui de "avanço" e "retrocesso" no sentido estritamente temporal, não como juízo de valor; uma mudança na linguagem pode ser acompanhada por uma persistência na tipolo-

---

1   Raymond Aron, *Dimensiones de la Conciencia Histórica*, p. 83.
2   Marina Waisman, *La Estructura Histórica del Entorno*, p.21s

gia funcional e estrutural etc. A arquitetura do Renascimento é um exemplo de mudança figurativa, de concepção espacial e de "retrocesso" estrutural; os primeiros arranha-céus, ao contrário, mostram um decisivo avanço no estrutural e no funcional e uma persistência de antigas linguagens; enquanto os novíssimos arranha-céus de finais da década de 1970, pelo contrário, mostram mudanças profundas na linguagem e uma total persistência em todos os demais aspectos – desde o funcional e estrutural até a relação do edifício com o entorno urbano. De modo que, se é fato que a continuidade existe, ela é sempre de índole complexa, nunca estritamente linear.

Na arquitetura, no entanto, é possível construir essas linhas de continuidade, de desenvolvimento aparentemente lógico, pois o desenvolvimento interno do pensamento arquitetônico, que é o que pode produzir certo grau de continuidade no tempo, desempenha um importante papel nas mudanças.

Michel Foucault propõe substituir a construção de continuidades na historiografia pela análise das articulações, dos pontos de flexão que, a seu ver, são mais relevantes para a compreensão da história e menos artificiais que as continuidades impostas – mais que descobertas – pelo historiador[3]. Pois bem, se transpuséssemos esse conceito para a história da arquitetura latino-americana, constataríamos o problema de que ela é constituída precisamente por descontinuidades, contudo já não como articulações ou mudanças de rumo em um contexto mais ou menos unitário, mas como rupturas, como interrupções, como desgarramentos de tecidos apenas esboçados. Falta o desenvolvimento interno de um estilo, de uma tipologia, de um modelo estrutural, de um procedimento técnico. Quando parecia que um tipo de solução começava a ser avalizada, quando parecia que começava a haver um aprofundamento em resposta a determinado problema, quando se perfila apenas uma linha de pensamento próprio, sobrevém a nova solução ou a nova resposta ou a nova teoria elaborada nos países centrais e, sem mais, desloca o incipiente desenvolvimento.

---

3   *L'Archéologie du savoir*, Paris: Gallimard, 1969, p. 12: "o problema já não é o da tradição e do traço, mas o do recorte e do limite; já não é o dos fundamentos que se perpetuam, é o das transformações que valem como fundamento e renovação de fundamentos".

Essa condição de descontinuidade histórica não só afeta o devir das ideias arquitetônicas, mas também, como será visto, caracteriza os mais diversos aspectos da práxis até chegar a converter-se em um elemento básico para a elaboração de pautas valorativas. Um deles é o que se refere ao tecido urbano – referimo-nos aqui, em particular, à Argentina, ainda que a situação seja comum a muitas cidades do subcontinente – que, por estar sujeito a um processo contínuo de mudança, de destruição e construção, de substituição de tipologias de edificação, não chega a consolidar-se em nenhum momento de sua história – ou, facilmente, perde os fragmentos que possam ter alcançado alguma unidade – e caracteriza-se, assim, por uma descontinuidade não só temporal, mas também espacial. Diferentemente das antigas cidades europeias, a nova arquitetura não estabelece uma relação de continuidade formal, tipológica, urbanística com o existente; em parte, pela carência de desenvolvimento interno que acabamos de comentar; em parte, porque o ritmo das mudanças e das substituições é muito rápido e conspira contra a consolidação das imagens, que não chegam a obter suficiente força na memória social.

O ritmo da primeira formação das cidades e a precariedade da arquitetura doméstica – em Buenos Aires e Córdoba quase não existem vestígios do século XVIII no doméstico – foi a causa de não mais se produzirem tecidos sólidos nos primeiros séculos de vida destas cidades, diferentemente dos mais importantes centros históricos americanos como Cuzco, Quito ou Potosí.

Não obstante, além dessa há outra circunstância que dificulta a continuidade histórica em nossas cidades. Tal continuidade necessita do respeito à cidade e à arquitetura existentes, e esta é uma característica bem geral da mentalidade do latino-americano, da parte sul do continente – característica que começa a ser revertida –, o desprezo pelo passado e o entusiasmo pela modernidade, por tudo o que represente – geralmente, de modo superficial – o progresso. Para o imigrante, que forma a base da população argentina, as raízes com a nova terra estão mais dirigidas para o futuro do que para o passado; as raízes com a velha terra são cortadas, se não na primeira, na segunda geração, e se almeja construir um futuro novo, sem recordações penosas de um país que o obrigou a emigrar, e sem a possibilidade de identificar recordações na imagem, ainda que não suficientemente formalizada, do novo país. O imigrante costuma ser um "ativista", a família espera ascender na escala social e esquecer suas origens humildes. Acolhe com entusiasmo tudo aquilo que pareça levá-lo adiante, em direção ao futuro que almeja para si e para seu país de adoção, do qual muito cedo aprendeu a gostar, e rejeita aquilo que o liga ao passado, que tem, para ele, conotação de pobreza, estancamento ou atraso, quando não de perseguições. Se, já em uma etapa mais sofisticada, chega a aceitar imagens do passado, estas serão as de um passado mítico – o mundo da Colônia – idealmente imaginado como nobre origem da nacionalidade a que agora pertence. De modo que aceita, de boa vontade, sejam as formas desnudas da arquitetura moderna, significativas de modernidade e progresso, sejam as versões californianas barateadas da casa colonial, significativas de uma genealogia decorosa; e continua, mesmo hoje, negando o século XIX, precisamente o século que presidiu a formação da Argentina moderna.

Em suma, a descontinuidade é uma característica que aparece nas mais distintas manifestações da atividade arquitetônica e urbana e, portanto, há de constituir uma das bases para definir pautas de valoração. Dependerá de nosso juízo sobre essa característica o fato de as pautas tenderem a acentuá-la ou diminuí-la, isto é, que apreciemos positiva ou negativamente aquilo que acentue ou diminua o caráter descontínuo de nossa história arquitetônica.

Da minha parte, acredito que a descontinuidade é um fato historicamente certo, mas de nenhum modo desejável, pois impediu a consolidação de orientações próprias e de imagens urbanas coerentes. E, portanto, nas pautas de valor propostas, tenho que considerar positivo tudo aquilo que ajude a superar este aspecto negativo de nossa história que, além disso, tem profundas raízes na política e na economia, no desenvolvimento histórico e na ocupação do território. A lembrar somente o desenvolvimento interrompido do interior argentino, produzido, entre outras causas, pela instauração de Buenos Aires como capital do vice-reinado e porto principal – praticamente único – do país; a ser lembrada, igualmente, a ruptura das comunicações interprovinciais causada pelo traçado da linha

Nicolás Juárez Cáceres, Escola Sarmiento, Córdoba, 1939.

Mies van der Rohe, edifício em Lake Shore Drive, Chicago.

férrea; finalmente, deve-se também lembrar a história política dos últimos cinquenta anos. Em uma atividade tão diretamente ligada aos fatores da vida prática como é a arquitetura – e, mais ainda, em uma arquitetura com tão delicado desenvolvimento interno próprio –, um caráter tão proeminente como o que estamos considerando não poderia ter-se produzido isoladamente, e sim devia ser mais uma manifestação de uma característica nacional.

O tema da descontinuidade, no entanto, embora apareça ao longo de toda nossa história, apresenta-se hoje como uma característica de boa parte da arquitetura e das propostas urbanas, que tendem, a primeira ao fragmentarismo e as outras à colagem ou intervenções "intersticiais". Por outro lado, um dos mais talentosos historiadores de nossos dias, Manfredo Tafuri, propõe um método de pesquisa dirigido precisamente ao fragmento, baseado em finos cortes produzidos na espessa rede de circunstâncias, em cujo núcleo se encontra o acontecimento arquitetônico. Essas histórias pontuais propõem-se a desvelar o significado profundo do fato arquitetônico, que deveria surgir do levantamento desse conjunto de circunstâncias. Com isso, parece que quase regressamos à história monográfica que Croce

CONTINUIDADE/DESCONTINUIDADE

considerava como a única possível; e, por outro lado, não é este um modo de construir a história, como propôs Michel Foucault, uma "arqueologia do saber" prévia a toda classificação?

Contudo, talvez esse panorama de descontinuidades se assente em estruturas profundas que poderiam permitir o descobrimento de elementos de estabilidade, aquelas invariáveis de que fala Chueca Goitía. Cabe aqui explorar o que Fernand Braudel chamou de longas durações[4]. É claro que no domínio das durações curtas e médias campeia a descontinuidade. Porém, não seria possível descobrir alguma camada de longa duração na estratificação histórica, que nos permitisse uma aproximação de pautas positivas de valoração? Examinarei este tema no próximo capítulo.

4   *La Historia y las Ciencias Sociales*, p. 60s O capítulo dedicado à longa duração foi publicado pela primeira vez nos *Annales E.S.C.* n. 4, out-dez. 1958, p. 725. (Trad. bras.: F. Braudel, História e Ciências Sociais: A Longa Duração, *Escritos Sobre a História*, 2. ed., São Paulo: Perspectiva, 1992, p. 41.)

3. As Durações Históricas

Fernand Braudel introduz, no estudo histórico, as categorias utilizadas pelos historiadores econômicos: a diferença de duração dos fenômenos históricos. De fato, existem os acontecimentos, isto é, fatos pontuais – uma batalha, por exemplo – que desempenham um papel em determinada conjuntura histórica, ainda que seu peso possa estender-se além do momento de sua produção; aqueles fenômenos de média duração – um sistema de governo, a formação de uma classe social – e, por fim, outros fenômenos quase invisíveis ao olho do historiador, por sua permanência secular, por sua persistência na conformação de uma nação ou de uma área histórica.

Essas distinções podem ser aplicadas, com grande utilidade, ao campo de nossos estudos. De fato, a curta duração, história episódica que compreende biografias e acontecimentos, poderia ser comparada à duração de obras e projetos; a média duração, história conjuntural com ciclos de dez a cinquenta anos, corresponderia à produção de um arquiteto e, para alguns períodos, o desenvolvimento de estilos ou fases de estilos; por último, a longa duração, que Braudel chama história estrutural, corresponderia à história urbana, com alguns códigos linguísticos como o das ordens clássicas, com certas

"invariáveis" nacionais ou regionais, com certos tipos arquitetônicos (tanto formais quanto estruturais, funcionais etc.).

Deve-se considerar que a organização em durações é um
instrumento de reflexão, não de classificação automática. Pois
uma obra ou uma intervenção em uma cidade, embora sejam
em si mesmos fatos que podem ser considerados de curta duração, "acontecimentos", podem gerar uma média duração ao ver
generalizada sua proposta estilística ou tipológica. Tomem-se,
por exemplo, as obras de Mies van der Rohe, em Chicago – os
edifícios de apartamentos Lake Shore Drive, entre outros –,
que definiram um tipo cuja difusão no tempo e no espaço lhes
outorgaram um significado, extrapolando o que tiveram como
acontecimento. Situações dessa natureza nos exigem uma dupla
leitura de todos os fatos arquitetônicos, do ponto de vista da
duração: a leitura conjuntural e a leitura ampliada no tempo.

Quase todas as obras significativas na história da arquitetura nos mostrarão essa dupla leitura, uma vez que cumprem
a condição especial da obra de arte de ser um objeto historicamente fechado e, simultaneamente, presente no tempo do
observador. Contudo, além disso, suas propriedades "produtivas", sua capacidade de engendrar ideias, correntes, tendências,
de abrir perspectivas inéditas ou de consolidar em uma realização concreta um conjunto de ideias dispersas, podem fazer com
que transcenda amplamente o momento de seu aparecimento.

Por outro lado, a "duração" de uma obra ou ideia pode
ser contínua ou sujeita a interrupções. Pode acontecer que
ela permaneça obscura durante longo tempo e, séculos mais
tarde, desperte a atenção devido a alguma conjuntura histórica
favorável, a uma mudança nas orientações que induza os teóricos e os arquitetos a voltarem seus olhos para aquelas criações que produziram reflexões úteis ou esclarecedoras para
suas preocupações atuais[1]. Não foi outra coisa que ocorreu,

---

1   A esse respeito, é exemplar o estudo de Juan Pablo Bonta, *Sistemas de Significación en Arquitectura: Un Estudio de la Arquitectura y su Interpretación*,
Barcelona: Gustavo Gili, 1977. Bonta dedicou à historiografia do Pavilhão
de Barcelona, de Mies van der Rohe, rastreando a inclusão ou exclusão do
tema em diversos textos, as derivações entre textos, e o conjunto de operações que conduziram à formulação de uma versão "canônica" da obra. Desde
então, Bonta ampliou o alcance desse método e está produzindo um extenso
trabalho com a ajuda da computação.

AS DURAÇÕES HISTÓRICAS

nos últimos anos, com o súbito interesse despertado pela obra de Piranesi ou a de Palladio, este último, arquiteto que gozou de enorme popularidade em seus anos de atividade e no século seguinte, para depois ser quase esquecido até o presente. A contemporaneidade da história se expressa, assim, nessas contínuas revisões e esquecimentos a que submetemos o passado, às valorizações e desvalorizações, aos entusiasmos e às críticas, reprovações e rejeições.

Sob estes movimentos – aparecimentos e reaparecimentos, permanências relativas, acontecimentos súbitos – existiriam camadas da realidade arquitetônica que persistem durante tão longo tempo que subsistem sob as mudanças visíveis e podem constituir elementos de estabilidade ou mesmo de atraso na evolução.

Franco Purini fala da *inércia* que resiste à mudança na cidade, e que é "a memória que as cidades têm de si mesmas [...] uma memória, necessariamente diferente daquela dos homens que a habitam"[2]. Para ele, essa memória, essa inércia, é constituída pelo regime fundiário, pelos lotes cadastrais, que resistem durante séculos a distorções e modificações; pelos hábitos de vida de ruas e centros de quadras, as predileções da cidade por certo desenvolvimento de ruas e praças, de localização do comércio etc.; pelos hábitos construtivos, pelos materiais usuais, por estabilidade das formas de trabalho; por restos de demolições que servem de fundações a novas construções e modificam a pureza das tipologias propostas; pela incidência da localização; pela extrema lentidão das variações habitacionais; pelas grandes obras coletivas que expressam o sentido coletivo das cidades.

Estas observações, feitas em função da vida das cidades europeias, conservam, em parte, sua validade para nossas cidades. A trama urbana mantém seu esquema original, porém, às vezes, a ela se superpõe uma nova trama, como ocorre no centro de Córdoba, ou Santiago do Chile, com as numerosas passagens que atravessam as quadras originais, criando assim um novo uso do ambiente urbano, totalmente diferente do primitivo, mesmo se a imagem exterior da trama permaneça aparentemente sem mudanças. Da mesma forma, os lotes cadastrais

2   *Luogo e progetto*, Roma: Kappa, 1981, p. 25.

O INTERIOR DA HISTÓRIA: CONCEITOS INSTRUMENTAIS

sofreram modificações notáveis nos dois últimos séculos, o que se reflete na história de certas tipologias arquitetônicas e sua relação com a cidade.

É, pois, também um tema de longa duração a persistência de certas tipologias – organizações espaciais ligadas ou não a tipologias funcionais determinadas –, como, por exemplo, a centralidade espacial, a organização em pátios ou claustros, o agrupamento de elementos segundo eixos ortogonais, a repetição de células iguais etc. Algumas dessas formas relacionam-se geralmente a determinadas tipologias funcionais, como os claustros com a arquitetura religiosa ou com a arquitetura educacional – certamente, derivação de origem religiosa –, os eixos ortogonais com os edifícios de instituições públicas, a repetição de células com conjuntos habitacionais massivos etc.

Se o pátio, como centro vital da composição, está presente desde o antigo Egito até nossa arquitetura colonial, ou certo período da obra de Mies van der Rohe, sem dúvida é possível considerá-lo como uma característica persistente na arquitetura ocidental, um atributo de longa duração, sobretudo na arquitetura mediterrânea e naquela a ela vinculada. Por seu lado, se a repetição de células também pode ser rastreada do Egito até hoje, poderíamos dizer o mesmo sobre esse tópico.

Pois bem, mais de uma vez estes elementos estruturais sofreram modificações definitivas devido às mudanças no parcelamento das cidades; a casa de origem colonial, com sua sucessão de pátios centralizados em um eixo, será partida para converter-se na "casa-chouriço"*, pela subdivisão dos lotes da cidade antiga. Nascerá assim uma nova tipologia, cuja persistência não poderá ser muito longa no centro das cidades pela característica de densidade e edificação em altura, mas que permanecerá nos bairros e centros menores por longo tempo.

---

* Literalmente, casa linear de meio pátio. O termo designa o aproveitamento máximo do espaço de cada quadra; com o rápido crescimento da população, no início do século xx, muitas casas da cidade se dividiram pela metade, formando duas habitações onde havia uma. O resultado é a *casa chorizo*, com os ambientes enfileirados, comunicados entre si e cada um com uma única abertura (a "porta-janela") que dá para um pátio lateral. Originalmente funcionaram como casas de aluguel para imigrantes; hoje, as casas-chouriço recicladas são um importante negócio imobiliário, sobretudo em bairros como Palermo e San Telmo. Fonte: <http://www.arquba.com/monografias-de-arquitectura/vivienda-familiar-en-buenos-aires> Acesso em: 2 maio 2012 (N. da T.).

Casa Patronal, o pátio. Huilquilemu, Talca, Chile. (De uma publicação da Universidade do Chile, 1981.)

Nesse caso, portanto, a duração e o caráter estruturante das tipologias de organização espacial estão estreitamente ligados ao desenvolvimento da cidade que, contrariamente ao indicado por Purini em sua lista de "inércias", é na verdade o motor da mudança, o que decreta a morte definitiva ou a profunda transformação de certas tipologias incompatíveis com a nova condição urbana. A estrutura do lote, no entanto, continuará impondo suas leis à cidade em crescimento e, frequentemente, se reproduzirá em altura o esquema primitivo de ocupação do solo, como ocorre com tantos edifícios, que não são senão "casas-chouriço" empilhadas (no entanto, certamente, sem o bom emprego do respectivo pátio, que acabou sendo convertido em vazio).

A estrutura tipológica da construção de paredes-meias (*medianeras*)* será repetida, com o lamentável resultado para a paisagem urbana das paredes-cegas, problema que não acontecia, naturalmente, na primitiva tipologia de um ou dois andares. Para combater essa situação, tenta-se substituir a antiga tipologia por outra totalmente nova: a torre isolada no terreno

---

* Paredes comuns a duas construções (N. da T.).

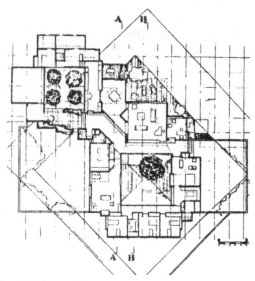

Rogelio Salmona, Casa Franco: o pátio como tema. Tabio, Cundinamarca, Colômbia.

que se aproxima do conceito de casa isolada no sentido da ocupação do lote, – do mesmo modo que o edifício de paredes-meias aproxima-se da tipologia da casa-chouriço. Esta comparação, contudo, tem uma validade relativa, uma vez que a casa isolada (*le pavillon*, como é chamada na França) é a tipologia característica do subúrbio e tem como intenção desfrutar de um jardim circundante, o que faz com que a rua defina seus limites somente pela vegetação; enquanto o edifício-torre é nitidamente urbano e objetiva somente desfrutar de um espaço livre para envolver seu volume. Quanto à definição da rua, tende-se a destruir totalmente seus limites, ao abrir-se praças e levantar o edifício sobre colunas, fazendo desaparecer o sentido da rua ligada à vida urbana.

Essa tipologia, nascida de "acontecimentos" de curta duração, já atingiu pelo menos uma média duração e parece provável que, enquanto se mantiver a estrutura central das atuais metrópoles, deve permanecer com variantes mais ou menos anedóticas.

A estrutura urbana, a trama urbana, suas lentas modificações, suas características persistentes – como o predomínio da dimensão horizontal ou a indefinição de limites – constituem

AS DURAÇÕES HISTÓRICAS

inevitáveis elementos de juízo para a compreensão e valoração dos "acontecimentos" arquitetônicos.

Tentemos agora abordar o tema das durações históricas no campo das formas estilísticas.

A linguagem da arquitetura clássica parece ser um caso bem claro de longa duração, se pensarmos que, de uma forma ou de outra, persiste há mais de 25 séculos, com poucos momentos de interrupção que, no entanto, nunca foram totais. Pois durante o mais importante desses momentos, o período da arquitetura gótica, a arquitetura italiana não perdeu totalmente os atributos clássicos, conservando, além das formas puramente linguísticas, proporções e modos construtivos que, depois, fizeram parecer bastante lógica a passagem às concepções renascentistas.

Essas reflexões são válidas se atribuímos ao termo "linguagem clássica" uma grande amplitude, muito além de uma sintaxe mais ou menos estrita ou de um uso mais ou menos canônico das ordens; se aludimos a modos de organização das paredes, à modulação rítmica, ao coroamento horizontal, à simetria, às proporções que respeitam a articulação das ordens clássicas, aos elementos linguísticos básicos (colunas ou pilastras, bases e cornijas etc.). Entenda-se que falamos aqui de persistência de uma linguagem e não de uma concepção da arquitetura. Porque não é necessário destacar que a visão em perspectiva do Renascimento difere daquela da Antiguidade Clássica, que a frontalidade e a monumentalidade romana diferem da qualidade escultórica da arquitetura grega, ou que a versão neoclássica, em suas vertentes elementares ou ecléticas, difere igualmente das revisões eruditas ou irônicas mais recentes. Em cada ocasião, recorreu-se às formas clássicas para diversos fins, em sua maioria anticlássicos[3], se nos ativermos ao significado que pode ser atribuído a uma cultura clássica. Além disso, em cada caso, atribuíram-se significados ideológicos diferentes a essas formas, com um arco de variáveis verdadeiramente surpreendente, que vai da democracia ao totalitarismo, dos valores econômicos aos espirituais[4].

3   Dalmacio Hegesipo Sobrón, S.J., Clasicismo No-Clásico, *Summarios*, n. 63, mar. 1983, p. 2-9.
4   Marina Waisman, ¿Qué Clasicismo És Este?, *Summarios*, n. 63, mar. 1983, p. 23-32; *La Estructura Histórica del Entorno*, p. 91.

Essa permanência nos obriga a uma consideração específica sobre a linguagem, que revelou ser tão importante para uma análise morfológica como os planos, os volumes, os cheios ou os vazios. É bem provável que a linguagem do movimento moderno – isto é, os planos lisos, os volumes puros, as formas ortogonais – permaneça também por muito tempo, como parte integrante dos recursos de projeto. Há cinquenta anos de sua criação, essas formas existem por direito próprio no repertório corrente e parecem destinadas a continuar. O gosto popular aceita-as como sinônimo de modernidade e progresso. Porém, é bastante significativo o atual refluxo da linguagem clássica, que invadiu grande parte das superfícies puras antes não ornamentadas; é ainda mais significativo o avanço do sentido de simetria, que havia sido substituído pelos mestres do movimento moderno, seja pela repetição rítmica, seja pelos traçados áureos, seja pela perspectiva múltipla. A simetria foi desterrada, pois representava um desvio da sujeição da forma à função, e uma atadura que contradizia a conquistada liberdade da planta proclamada por Le Corbusier. Uma imposição de definir entradas e fachadas nessa arquitetura que pretendia apresentar uma visão múltipla e igualitária.

A renovação dos ideais – ao menos das fórmulas – clássicos parece indicar o interesse de uma "continuidade" de tais formas na história, seus aparecimentos e seus eclipses, e a análise, em cada ocasião, das ideologias arquitetônicas e suas relações com a ideologia da época. Como já alertei, suas relações com as ideologias políticas são por demais equívocas ou ambíguas. Deveríamos rastrear, por sob as formas políticas, em extratos mais profundos da vida social, o uso das formas clássicas, para descobrirmos se existe algum nexo entre as distintas situações em que ocorre. Parece indubitável que se apresente periodicamente a necessidade de um ordenamento, pautado racionalmente e facilmente codificável. Esse método de articular superfícies e volumes evita os perigos da desordem visual e ajuda a evitar as responsabilidades de uma liberdade demasiado aberta. A arquitetura do movimento moderno fornecia elementos linguísticos e morfológicos em nível geral, mas não uma sintaxe estabelecida, sequer em suas características mais elementares, que permitisse uma aplicação canônica da linguagem. Bruno Zevi tentou

O estilo "italianizante": povoado de Nono, Córdoba, Argentina.

fazer uma enumeração dessas características, modos de compor que permitiriam, precisamente, dotar a linguagem moderna das regras de que carece[5], o que não deixaria de contradizer seus próprios criadores, que mais de uma vez negaram que estivessem criando um estilo.

A arquitetura moderna corrente caiu assim em uma mediocridade carente de ordem, que produziu as imagens sem forma dos subúrbios modernos. Por contraste, apreciamos hoje a herança clássica nas simples mas ordenadas sequências de casas do século XIX ou início do século XX, nas quais as proporções das aberturas, os planos de fachada uniformemente ritmados, as exatas relações entre cheios e vazios, fazem com que, além da mediocridade particular de cada projeto, se perceba uma ordem urbana harmônica.

Talvez a linguagem clássica, junto com a gótica, sejam as únicas, na história da arquitetura ocidental, a terem elaborado uma sintaxe que, apesar das variações que possa ter sofrido em seus diferentes aparecimentos históricos, conserva uma estrutura

---

5   *El Lenguaje Moderno de la Arquitectura: Guía al Código Anticlásico. Arquitectura e Historiografía*, Barcelona: Poseidón, 1978.

básica de tal força que lhe permite subsistir como ordem reconhecível e reutilizável. O gótico, porém, teve uma só grande floração histórica, um só – embora longo e variado – período criativo. Quando reapareceu foi já em forma de "neo", ou seja, de *revival*, e não como ocorreu com a linguagem clássica no Renascimento, quando a antiga ordem serviu de fonte profunda de renovação artística adscrita a novos modos de concepção do espaço. As formas clássicas, retomadas e reelaboradas criativamente em várias instâncias históricas, foram se carregando de significados e possibilidades, converteram-se em verdadeiras "formas abertas", ainda que ligadas a uma estrutura que pode ser considerada como de longa duração. O gótico, pelo contrário, aparece como "forma fechada", ou seja, forma que não foi reelaborada, mas que sofreu um desenvolvimento mais ou menos linear; embora fosse crítico em seu período final, nem por isso se desligou de sua base original. Não existe nada no último gótico, em relação ao primitivo, que seja comparável à ruptura do Renascimento em relação à Antiguidade. Daí que cada nova aparição do gótico fosse um novo "neo", um *revival* cada vez mais fraco e imitativo.

Algumas dessas observações, que se referem à longa duração das formas clássicas, poderiam tentar certos analistas a supor – e, na verdade, isso ocorreu[6] – que tais elementos constituem a "essência" da arquitetura, que são algo assim como sua expressão natural. Tal tipo de afirmação pressupõe que toda expressão arquitetônica, diferente daquela considerada "natural" ou essencial, careceria de legitimidade e, assim, que um só modo de estruturar as formas arquitetônicas deveria adequar-se à mutável condição da sociedade na história. O simples aparecimento de outras formas, ainda que não alcancem a mesma duração, é um desmentido a essa suposição, quando conseguem propor alternativas à construção do entorno humano que satisfazem suas necessidades mais profundas. Por outro lado, é evidente que essas formas consideradas essenciais apareceram em certo momento da história, e fazem parte, portanto, do desenvolvimento da criatividade humana. A categoria de longa duração, a meu ver, mostra-se útil para qualificar a maior vigência no tempo de certas formas, sem cair em posições filosóficas equivocadas.

---

6   Cf. Demetri Porphyrios, Notes on a Method, *Architectural Design*, n. 51, 1981.

Na arquitetura argentina, e mesmo na latino-americana, não seria fácil descobrir casos de longa duração na estilística, uma vez que, como já se disse, a descontinuidade tem sido uma característica permanente em suas expressões arquitetônicas. Mas é possível, por outro lado, detectar casos de reaparecimentos periódicos de certas formas figurativas, e outros de média duração.

Um exemplo deste último é o que os historiadores argentinos concordaram em chamar de "estilo italianizante", que, certamente, não é um estilo propriamente dito, mas o resultado da prática corrente do *geômetra* italiano (o equivalente de nosso construtor), autor de inumeráveis edifícios, principalmente moradias, por todo o país, durante boa parte do século XIX e início do século XX. O geômetra manejava uma linguagem de origem clássica – colunas ou pilastras, entablamentos mais ou menos simplificados, ritmos e proporções – com maior ou menor sabedoria e precisão, como um modo natural de padrão de construir. Era para eles, e consequentemente para todo construtor mais ou menos leigo, uma língua corrente que, além disso, era aplicada sobre uma fachada que formava o limite da rua. Esse modo de construir se encontra tão unido à ideia da rua, à tipologia da casa de paredes-meias própria do meio urbano, que é frequente encontrá-las em plena área rural, isoladas, com sua fachada urbana junto ao caminho, reconstruindo idealmente a imagem de vila ou cidade. Essa imagem urbana de origem mediterrânea diferencia muito claramente a arquitetura popular argentina dessa época da norte-americana, na qual predomina o modelo rural, a habitação isolada na propriedade, rodeada de jardins ou hortas, própria dos países anglo-saxões. A vocação urbana, portanto, é uma característica de nossa arquitetura que deve ser considerada e, junto a ela, a persistência da rua claramente delimitada e ligada à vida urbana. Esse modo de construção, no entanto, foi sendo substituído com a ocorrência e a popularização das formas do movimento moderno e, atualmente, vemos como pouco a pouco desaparece esse excelente patrimônio, não só pelas demolições, mas também pelas "modernizações" a que é submetido[7].

7   Cf. Ricardo Jesse Alexander, Degradación Urbana, *Summarios* n. 59, 1982, p. 8-15.

O INTERIOR DA HISTÓRIA: CONCEITOS INSTRUMENTAIS

Uma linguagem – ou melhor, uma imagem – que reaparece, periodicamente, ao longo do século xx é o da arquitetura chamada colonial. Há uma primeira aproximação por volta dos anos de 1920, com o surgimento do nacionalismo – que ocorre com poucas variações de data na quase totalidade dos países da América Latina – e a consequente busca de uma arquitetura nacional, que se expressa em um variado ecletismo – neoplateresco, neorrenascimento espanhol, neoarequipenho etc. –, acompanhada com debates teóricos e o primeiro reconhecimento do valor de nossa arquitetura colonial, junto com a alegação para a recuperação de suas formas estilísticas e construtivas[8].

Essa linha de nacionalismo permitirá, repetidamente, a recuperação de formas supostamente nacionais, e entre elas será favorecida a memória do colonial, poucas vezes revivido de um modo autêntico. Curiosa e absurdamente, uma das formas mais comuns assumidas por essa pseudomemória é a do chalé californiano, versão popularizada e abastardada da arquitetura das missões espanholas da Califórnia. A telha espanhola, a galeria, o arco mais ou menos caprichoso, a planta assimétrica de origem pitoresca e os aditamentos simbólicos como as cisternas, cercas, janelas com toldos, parecem satisfazer uma necessidade de identidade, uma identidade de mais a mais inventada[9]. De todo modo, esta imagem pseudocolonial deve ser considerada como uma característica recorrente na arquitetura latino-americana.

Em conclusão, poderiam ser considerados como atributos de longa duração, em nossos países, *o traçado urbano, a vocação urbana e o sentido vital da rua*, como também na Argentina, a estrutura organizativa básica da *casa-chouriço* e sua derivação no edifício em altura. Do ponto de vista figurativo, o estilo italianizante pode ser considerado uma característica de média duração e a arquitetura de referências coloniais seria um caso de recorrência.

8   Cf. Juan Kronfuss, inúmeros artigos na *Revista de Arquitectura*, Buenos Aires, 1918-1920, além da reedição de seu conhecido livro *Arquitectura Colonial en la Argentina*, Córdoba: Editorial Era, 1980.
9   Tratei desse tema, em colaboração, em Argentina: Arquitectura y Mitos Sociales, *Summarios*, n. 100-101, 1986, p. 27-47.

4. Centro/Periferia/Região

O tema das relações entre centro e periferia excede, e muito, a questão econômico–político–cultural mais diretamente ligada aos problemas arquitetônicos, questão que é apenas a parte visível de um *iceberg* que penetra profundamente na realidade histórica. Na atualidade, a perda do valor do centro como fundamento, o deslizar do centro para as margens – e como consequência a obtenção de certa condição conjuntura por parte das margens – poderia ser considerado como o traço mais característico dessa relação.

Correndo o risco de cometer o pecado que algum filósofo atribuiu aos arquitetos, isto é, o de tratar os conceitos filosóficos em um plano superficial de analogias, em lugar de em seus verdadeiros significados, gostaria de fazer alguma referência a orientações filosóficas com relação ao tema de que nos ocupamos, que possam contribuir para sua compreensão mais profunda, e para isso seguirei principalmente a exposição de Gianni Vattimo[1]. O autor examina o conceito de niilismo derivado das filosofias de Nietzsche e Heidegger, nas quais aponta a coincidência da crise do humanismo com o abandono do centro por

---

1   Cf. *El Fin de la Modernidad.*

parte do ser. O ser "dissolve sua presença-ausência nas redes de uma sociedade transformada, cada vez mais, em um organismo muito sensível de comunicação"[2]. Niilismo é "a situação na qual o homem abandona o centro para dirigir-se a x"[3]. A raiz do niilismo está na perda dos fundamentos, na "acentuação do caráter supérfluo dos valores últimos", que, ao cabo, representa a morte de Deus, segundo Nietzsche[4]. A essa perda de centralidade do ser e ao abandono dos valores fundamentais "há uma reação com a reivindicação de outros valores (por exemplo, os valores das culturas marginais, das culturas populares, opostos aos valores das culturas dominantes; a destruição dos cânones literários, artísticos etc.)"[5].

Os grandes processos de destruição de modelos artísticos, arquitetônicos, urbanos, levados a cabo até o final do século XX, primeiramente pelas vanguardas históricas, e depois pelo grande movimento crítico ao modernismo no campo arquitetônico e urbano, encontrariam seu enquadramento nestas afirmações.

Também na arte se produz um deslocamento semelhante; segundo Michaud, "um grande número de manifestações da arte contemporânea poderia consistir no fato de fazer passar para o centro [...] aquilo que geralmente permanece em suas margens"[6]. No entanto, além disso, a própria arte, segundo Heidegger, teria uma essência decorativa e "periférica": seu papel consistiria em criar um fundo mais do que um sujeito "forte", já que acabou por ser objeto de uma "percepção distraída"[7].

Acrescentarei aqui outro processo de enfraquecimento do centro, que diz respeito ao urbano. Na verdade, a maioria das grandes cidades do mundo sofre, há várias décadas, um processo de "descentramento" (tema que alguns arquitetos desconstrutivistas reconhecem como próprio de sua arquitetura). As grandes funções comuns da cidade, as que davam seu caráter particular a cada uma, se dispersam, abandonam o centro, criando uma multiplicidade de subcentros, ou "centros nas

2   Idem, p. 46.
3   Idem, p. 23.
4   Idem, p. 27.
5   Idem, p. 28.
6   Idem, p. 78.
7   Idem, p. 79.

CENTRO/PERIFERIA/REGIÃO

margens", que, por isso mesmo, deixam de ser estritamente margens e se convertem em centros, porém centros "fracos", porque não encarnam o sentido global da cidade, o *ser* da cidade. Poderíamos dizer, então, parafraseando as expressões filosóficas citadas, que o ser da cidade abandona o centro e se dirige a X. Não é esse o lugar para elucidar as causas de tais deslocamentos, naqueles em que está presente uma transformação que alcança as mais diversas estruturas da sociedade urbana; limito-me a mencioná-lo como mais um elemento desse descentramento geral que estamos examinando.

Pois bem, esse processo, aparentemente apreensível e passível de ser relacionado com a sociedade pós-moderna, é seguramente mais complexo e ambíguo do que aqui se apresenta. Basta apenas considerar a operação de "centralização das margens" que Jorge Luis Borges cumpria já na década de 1920, em plena eclosão do modernismo. Produziu-se, então, em Buenos Aires, uma vanguarda "periférica", que manejou as estruturas poéticas da modernidade "trasladando a margem ao centro do sistema cultural argentino", segundo explica Beatriz Sarlo[8], que analisa os movimentos poéticos das décadas de 1920 e 1930, e destaca, no caso de Borges, a capacidade para elevar as margens ao nível de universalidade.

Também convém recordar aqui que, até 1929, Ortega y Gasset desvalorizava a noção de centro ao afirmar que era um sinal de provincianismo por parte dos europeus o considerar-se o centro do mundo...[9]

De todo modo, no período atual parece ter-se assumido essa situação de descentramento de modo mais geral, e a partir do extremo "marginal" da relação centro/margem é que nos cabe decifrar as contrapartidas da perda de força do centro.

Diante de tudo, a consequente aquisição de algum tipo de centralidade por parte das margens; centralidade débil, porque não é universalmente válida e porque seus fundamentos são valores históricos, existenciais, ou seja, variáveis, pouco duráveis. Porém, centralidade, por fim.

8 *Una Modernidad Periférica – Buenos Aires 1920 y 1930*, Buenos Aires: Nueva Visión, 1988, p. 103.

9 Cf. Los Ámbitos Culturales, *Las Atlántidas*, Madrid: Revista de Occidente, 1924.

Adverte-se também que a crise dos modelos do mundo central deu lugar ao pluralismo, acabou com o monopólio cultural dos grandes países do Ocidente e, com isso, sancionou a legitimação dos diversos projetos locais, da descentralização dos modelos – uma possibilidade nem sempre aproveitada pelos atores locais.

Enquanto o centro manteve sua força, os povos da América Latina apareceram necessariamente como marginais no sistema de produção cultural da arquitetura. Uma escala de valores não declarada, porém aceita, colocava – e em boa parte ainda coloca – no plano mais alto as produções de certos países considerados centrais, escala que se afirma e prolonga graças à atitude de epígonos que assumem, em sua grande maioria, os produtores latino-americanos. Porém, os deslocamentos assinalados começam a ver-se refletidos na produção arquitetônica, tanto no campo teórico como no prático.

Já se comentou o processo de conscientização da dependência cultural por parte dos povos antigamente colonizados e a consequente afirmação dos próprios valores. No terreno da arquitetura estão sendo forjados os instrumentos, explorando a realidade em busca de valores próprios. Alguns exemplos conspícuos marcam as possíveis orientações. A obra de Hassan Fathy no Egito, de Doshi ou Charles Correa na Índia, dos latino-americanos Rogelio Salmona, Severiano Porto e Eladio Dieste, entre outros, permite assegurar que existem caminhos possíveis e frutíferos para tais buscas.

As dificuldades enfrentadas não são poucas: em culturas arquitetônicas inseridas em uma tradição de descontinuidades, rupturas, de constantes irrupções de ideias alheias no desenvolvimento local, não é fácil definir a própria identidade. Recorreu-se à história. Uma nova e grande atração pelo conhecimento da própria história abriu um caminho de reflexão pouco frequente nesse meio – excetuando-se, naturalmente, os estudiosos da história. No entanto, a passagem do conhecimento histórico ao descobrimento de valores que possam ser considerados próprios, em primeiro lugar, e depois à elaboração de orientações para o projeto, a partir de tais valores, requer uma série de condições que vão além da pesquisa ou da postura teórica, e que comprometem diretamente a qualidade – e o ofício – do arquiteto[10]. (O presente estudo propõe-se, justamente, a destacar pautas de valoração que possam contribuir para orientar a práxis arquitetônica até a consolidação – ou a elaboração – de uma identidade regional.)

Apesar de todos os descolamentos indicados, a atração da produção arquitetônica dos países centrais ainda predomina nas culturas locais e talvez possa afirmar-se que as reações são produzidas, até certo ponto, nas margens das margens. É que, na atual época de hipercomunicação, a relação centro/margem está marcada, não só pela conformação do sistema mundial de produção e consumo de bens – que levou certos setores da comunidade internacional e das comunidades locais a aceitarem o papel passivo de consumidores de produtos sofisticados e de produtores dos mais elementares –, mas também pelo poder intrínseco da informação, mais poderosa em função de sua condição de "fraca" em comparação com os sistemas de domínio político ou econômico.

Essa circunstância coloca, de forma muito mais intensa que no passado, as diferentes culturas na encruzilhada entre *universalismo* e *localismo* ou regionalismo, entre o universal e o particular, entre a necessidade de mover-se ao ritmo geral do mundo e, simultaneamente, permanecerem fiéis a si mesmas. As grandes arquiteturas do passado não estiveram, de modo algum, alheias ao peso das grandes correntes universais, e mesmo das mais diretas transculturações. As arquiteturas gótica, renascentista, maneirista se difundiram a partir de centros bem delimitados às regiões mais distantes, nelas adquirindo características próprias, produto da assimilação a um modo de fazer ou de ver correspondentes à nova sede, chegando, às vezes – caso do gótico na Inglaterra – a converter-se em expressões simbólicas da nova nacionalidade. A difusão de ideologias, métodos, procedimentos, imagens e formas linguísticas constituiu, desde sempre, um elemento básico da trama histórica.

---

10 Em relação a este aspecto, podem ser citados dois importantes exemplos: o de Severiano Porto no Brasil, e o de Edward Rojas no Chile. Nos dois casos, os arquitetos formulam sua proposta a partir do estudo do meio cultural e ambiental local. Em Severiano Porto, uma maior maturidade projetual permite-lhe chegar sem dificuldades a uma arquitetura moderna original, sem os vestígios morfológicos folclóricos, enquanto Edward Rojas segue seu árduo e positivo caminho no mesmo sentido.

Contudo, as condições da divulgação mudaram radicalmente no mundo contemporâneo, bem como a relação de poder entre as nações do mundo. Desde a época em que os mestres do gótico viajavam de um país a outro, levando seus modos de fazer arquitetura, ou depois, quando os tratadistas difundiam os modelos renascentistas ou maneiristas aos mais remotos países, até a situação atual, a magnitude das mudanças quantitativas ocorridas nos processos de difusão cultural produziu uma alteração qualitativa fundamental. A aceleração da história e das mudanças na vida social, nas expectativas, nos modos de vida; a multiplicação e o novo alcance dos meios de comunicação, que eliminaram distâncias e diferenças culturais no que se refere à recepção da informação; os mecanismos da sociedade de consumo, que estimulam a constante renovação de objetos e formas, decretando obsolescências e proclamando novos valores que, muito brevemente, por sua vez, serão submetidos à lei do consumo; tudo isso resultou em que o caráter criativo, positivo e enriquecedor da difusão cultural fique muito frequentemente submerso sob os aspectos negativos de uma aceitação passiva e superficial, pela qual as novas formas se superpõem às formas culturais existentes, sem entrar em íntima conexão com elas, simplesmente substituindo-as e interrompendo seus possíveis desenvolvimentos.

Outro dos efeitos perversos do poder da informação é o reducionismo que age na transmissão da arquitetura e, em última instância, na própria arquitetura. Porque os meios de difusão, com sua magnífica qualidade gráfica, reduzem a arquitetura construída a uma representação recortada de todo contexto, bidimensional, eloquente pelo impacto de sua imagem – frequentemente "construída" por um hábil fotógrafo. Esta operação redutiva atribui a apreciação da arquitetura somente a um dos sentidos, o da visão, deixando de lado toda a riqueza espacial, material, sonora, ambiental etc. Porém, por sua vez, esta forma de apreciar a arquitetura estimula mais de um profissional a conceber sua obra em termos "fotogênicos", buscando efeitos que, talvez, sejam irrelevantes na obra construída, mas que poderiam realçar sua presença nas páginas impressas. O empobrecimento conceitual e o esquematismo construtivo de muita da arquitetura atual pode ter aqui uma de suas causas.

É também um efeito perverso, causa mais de desinformação do que de informação, o desequilíbrio existente entre a qualidade e a quantidade de informação emitida e difundida pelos países centrais e pelos "periféricos". Uma barreira de incomunicação bloqueia o intercâmbio de informações entre países marginais, bloqueio que responde a complexas razões, entre as quais, e com um importante papel, a manutenção de um sistema de comunicações próprio do mundo colonial, o qual, depois de quase dois séculos de independência política nos países da América Latina, continua privilegiando as relações entre antigas colônias e metrópoles e dificultando o intercâmbio das colônias entre si.

O sistema informativo serve, então, para alimentar os mecanismos de consumo – consumo de informação e por essa via consumo de linguagens, imagens, ideias – apoiados pela aceitação, por parte da periferia, dos produtos que são avaliados por tradição de poder e prestígio, e sua contrapartida: o desinteresse por aqueles que provêm do mundo periférico e carente daqueles atributos. Contudo, já fiz menção ao movimento que almeja reverter esse tipo de processo, movimento que se fortalece, ano a ano[11].

O conflito entre universalismo e localismo, entre a adesão aos modelos centrais, que se arrogam a condição da universalidade, e a formulação de modelos específicos, parecia reconhecer como núcleo do problema a comentada relação entre reflexão e práxis[12], que aparece rompida no caso dos países marginais. Na verdade, a perda essencial sofrida pelos sistemas, ao serem trasladados a novos meios, é a perda de suas raízes, a de sua inserção em uma determinada realidade física e cultural. As ideologias arquitetônicas, ao serem trasladadas, em lugar de aparecerem como o resultado de complexos debates produzidos em

11 Basta citar os numerosos encontros, bienais de arquitetura, congressos, simpósios etc., regularmente realizados em diversos países latino-americanos; os encontros de revistas de arquitetura, que tentam intensificar o conhecimento mútuo, primeiro passo para a consolidação da tantas vezes proclamada unidade latino-americana; e, particularmente, os Seminários de Arquitetura Latino-Americana (SAL) que, iniciados em 1985, foram institucionalizados e consistem em jornadas de reflexão e debate entre arquitetos e críticos, que tendem a orientar a arquitetura latino-americana em direção à consolidação de uma identidade própria.

12 Ver supra, p. 39-46.

Eladio Dieste, igreja Cristo Operário, em Atlântida, Uruguai.

torno de propostas e soluções, em vez de exibirem seu caráter de polêmica entre as ideias e as realizações, apresentam-se (ou são recebidas) como *sistemas fechados*, como grandes esquemas conceituais de valor universal e definitivo; e, além disso, perdem seu caráter essencial de *etapa de um processo* – teoria/práxis/crítica/reformulação da teoria – para aparecerem como estágios finais e irrefutáveis da reflexão. Enquanto uma teoria arquitetônica permanecer aberta ao diálogo com a realidade histórica, continuará gerando conceitos e instrumentos válidos para atuar nessa realidade; porém, quando esse diálogo se rompe, transforma-se em um corpo estéril, incapaz de renovar-se a si mesmo ou de atuar produtivamente na realidade.

Assim sendo, essas teorias ou ideologias transformadas em esquemas conceituais mais ou menos rígidos – no melhor dos casos –, ou em uma mera coleção de imagens – mais frequentemente – fazem sua entrada em uma nova realidade que, certamente, não tomou parte em sua elaboração. Se esse novo meio possui uma tradição arquitetônica mais ou menos sólida, as novas ideias, provavelmente, serão confrontadas com o corpo de conceitos ou os modos de produção existentes; nesse encontro ocorrerá um interessante intercâmbio e serão geradas orientações

Severiano Porto e Mário Emílio Ribeiro, Pousada na Ilha de Silves, Amazonas, Brasil, 1979.

que apontem o necessário equilíbrio entre o movimento do pensamento universal e as particularidades da cultural local.

Porém, como aconteceu na maioria dos países periféricos aos centros de poder, se não existe uma tradição de pensamento arquitetônico ou um grau de autoconsciência suficientemente fundamentado, o mais provável é que o sistema de ideias transplantado permaneça estranho à realidade local, que não seja incorporado em profundidade, isto é, que não lance novas raízes. Sua própria condição de alienado, por sua vez, acarretará um processo de alienação da cultura à qual se impõe pela força do prestígio, alienação entre reflexão e práxis, entre práxis e meio cultural e social. Frequentemente ocorrerá ainda que os temas propostos para reflexão repitam, sem maiores variações, os temas e modos de reflexão do país de origem[13]; ocorrerá também que a práxis aceitará procedimentos ou imagens provenientes daquela reflexão e daquela práxis alheias. A própria interioridade perderá uma ocasião de consolidar-se ou

---

13 Como o que ocorreu, por exemplo, com os exercícios sobre áreas urbanas desenvolvidos em um grupo de estudos de Buenos Aires, no final da década de 1970 (chamado La Escuelita), evidentemente influenciados pelas propostas teóricas europeias.

92   O INTERIOR DA HISTÓRIA: CONCEITOS INSTRUMENTAIS

fortalecer-se e será arrebatada em direção a uma pura exterioridade. Este "ser" também terá abandonado seu centro para dirigir-se a X...

Desse modo, para os países da América Latina, com sua consciência cultural, às vezes vacilante ou não suficientemente definida, com seu sentimento de formar a periferia no mundo ocidental, a transposição de ideologias arquitetônicas transforma-se, frequentemente, em um dos tantos processos de alienação que diariamente sofrem no campo social, econômico ou político.

Essas questões, como é natural, foram percebidas em nossos países antes mesmo que nas metrópoles[14]. Contudo, há algum tempo certa crítica internacional vem considerando como uma das tendências positivas da arquitetura atual o *regionalismo* como forma de oposição construtiva às diversas formas negativas do universalismo, pela via de reforçar ou manter as identidades regionais. O termo regionalismo é, no entanto, extremamente ambíguo, pois pode referir-se a posições que flutuem entre uma reinterpretação local das ideias internacionais e um conservadorismo reacionário de caráter folclórico ou populista. Parece, portanto, indispensável encontrar elementos para uma definição que possibilite um uso instrumental do termo, retirando-o do território das aspirações vagamente nostálgicas[15]. Um dos aspectos a ser considerado nessa definição é a discussão dos termos em uso, tema sobre o qual voltarei em seguida.

---

14   Há vários anos, tentei, sem êxito, introduzir um ponto de vista regional no Cica (Comitê Internacional de Críticos de Arquitetura), propondo uma consideração específica para as produções latino-americanas. Em 1983, em um seminário organizado pela Universidade Menéndez e Pelayo em Santander, Espanha, tanto Ramón Gutiérrez como Antonio Toca e eu mesma fundamentamos nossas exposições nos valores do regionalismo, o que foi recebido com total discordância pelos estudiosos espanhois. No entanto, alguns anos mais tarde, a excelente revista de Madri A&V, dirigida por um desses estudiosos, Luis Fernández-Galiano, aceita o critério regional e dedica vários artigos e números especiais ao tema.

15   A esse respeito, muito já se avançou no terreno teórico. Basta citar o trabalho de Enrique Browne, *Otra Arquitectura en América Latina*, os diversos artigos de Silvia Arango e de Cristián Fernández-Cox, nos quais fica caracterizada a modernidade possível e desejada para estes países. Nos trabalhos apresentados nas diversas edições do SAL pode-se também encontrar um importante material teórico e prático sobre o tema.

Um dos elementos que podem, efetivamente, colaborar para a formação de uma arquitetura de sentido regional é a análise do papel e do caráter da tecnologia e sua relação com o conceito de modernidade. Na verdade, parece aceito o fato de que o grau de "avanço" ou modernidade da arquitetura deva ser medido por sua possibilidade de acesso à tecnologia avançada, a chamada *high tech*. Em uma entrevista, Oriol Bohigas sustentou que não é questão de basear a própria identidade no subdesenvolvimento ou na pobreza, mas na luta para alcançar a tecnologia do desenvolvimento[16]. Pois bem, o que deve ser entendido em nossos países por tecnologia avançada? As graciosas e monumentais construções de Norman Foster ou Helmut Jahn, as fabulosas cúpulas de Buckminster Fuller, as sutis peles de César Pelli ou de Kevin Roche?

A força das ideias – e da propaganda – do mundo desenvolvido, baseada na ideologia da modernidade, levou-nos a assumir como certo que o único caminho para o progresso é aquele que esses países tenham percorrido, aceitando de fato esse conceito de progresso. Tentamos segui-lo, cada vez de mais longe, mesmo depois que suas sequências desastrosas ficaram evidentes para o equilíbrio do mundo. Portanto, parece urgente definir o que o conceito de "tecnologia avançada" significa para nossos países. Em uma primeira aproximação pode-se dizer que tecnologia avançada é aquela que permite, com base em recursos humanos e materiais acessíveis, alcançar, mediante seu aperfeiçoamento e desenvolvimento, o mais alto grau de produtividade para conseguir um *habitat* adequado a cada região e seus modos de vida, tanto em qualidade como em quantidade.

Pode-se dizer que todos os materiais são universais, tanto os modernos como os antigos. Mas, cada um deles, o tijolo como o concreto, a madeira como o aço, possuem qualidades e condições em seu processo de produção e em seu "processo de uso" que os tornam mais apropriados para sua utilização em diferentes lugares. Na Argentina, por exemplo, o desequilíbrio regional faz com que uma tecnologia aceitável para Buenos Aires transforme-se em uma caricatura, quando pretende ser utilizada em áreas semirrurais, e vice-versa, que a transposição de

16   Alberto Petrina, "Oriol Bohigas: La Persecucion de la Modernidad", *Summa*, n. 228, ago. de 1986, p. 23-32.

tecnologias e imagens rurais torne-se incoerente e anacrônica no meio urbano da metrópole. Quanto ao desenvolvimento de sistemas altamente tecnológicos, isto exige tanto de uma política exterior estável como de um mercado interno forte e de ação permanente, condições que são habituais em poucos países da América Latina.

O uso dos recursos regionais não implica, certamente, estancamento ou atraso: isso é brilhantemente provado, entre outros, por Eladio Dieste, Rolegio Salmona, Togo Diaz e, sem dúvida, Severiano Porto, criador de uma arquitetura de grande valor a partir da tecnologia da madeira. A pesquisa das qualidades dos materiais regionais, de sua adaptação às necessidades atuais, de sua resposta às condições ambientais, da existência de uma mão de obra com capacidade para desenvolver-se e adaptar-se aos necessários avanços técnicos é um dos aspectos a serem acentuados nessa busca de identidade regional.

Até aqui utilizei os termos "centro/periferia" e "centro/margens", sem submetê-los a um exame. Trata-se, no entanto, de termos repletos de conotações, que exigem um cuidadoso debate.

Em primeiro lugar, o par de conceitos centro/periferia traz consigo a ideia de *dependência*, pelo fato de os dois termos pertencerem a um sistema no qual o segundo está subordinado ao primeiro, ocupando um lugar secundário, acessório. Tudo o que for produzido na periferia será feito dentro do quadro das decisões tomadas pelo centro; na periferia, só serão possíveis as decisões de "segundo grau", ou seja, aquelas tomadas dentro do quadro traçado pelos órgãos de decisão de primeiro grau. Os modelos fornecidos pelo centro constituirão a base de todo o desenvolvimento periférico e, nos casos em que esses modelos não possam ser reproduzidos, será conservada, ao menos, a imagem do modelo central, de modo a favorecer no possível o quadro fornecido pelo centro.

A aceitação de tal condição exigiria, por um lado, que ela respondesse efetivamente a uma situação histórica certa, e por outro, que se decidisse a renunciar a toda possibilidade de desenvolver uma arquitetura apropriada à região. No tocante ao primeiro, um exame histórico da arquitetura latino-americana revela que não foi esse o tipo de relação entre metrópoles e colônias, em todas as épocas. Ramón Gutiérrez destacou que a complexa origem dos modelos espanhóis da arquitetura colonial latino-americana revela combinações inéditas no país-centro, um novo produto destilado de memórias, de procedimentos e de imagens, por sua vez, modificado para adequá-lo aos novos âmbitos, com suas distintas possibilidades tecnológicas, diferentes entornos urbanos ou rurais e, com isso, dificilmente o resultado final pode ser inscrito em uma relação modelo/reprodução[17]. Já no século XX, a diversidade das fontes e a chegada indiscriminada da informação, em geral, deixam pouco reconhecíveis os possíveis modelos, que foram objeto de operações sincréticas, quase nunca de repetições literais. Talvez apenas durante o período do ecletismo e academicismo pode-se detectar uma relação direta entre metrópole e periferia – mesmo quando proliferam as livres e fantasiosas interpretações dos modelos centrais – com a importação de planos, materiais, tecnologia, artesãos etc.

Essa relação desigual ao longo da história permitiria pensar que a arquitetura representou, mais de uma vez na história, a possibilidade de evitar o peso total do poder central e minimizar a relação de dependência.

Quanto ao segundo ponto destacado, isto é, a possibilidade de desenvolver uma arquitetura própria da região, deve-se levar em conta que o sistema centro/periferia estabelece uma escala de valores que é a escala do centro, e que servirá para categorizar tanto os produtos centrais como os marginais. Assim, tudo o que se faça ou não se faça, tudo o que se pense ou se deixe de pensar será necessariamente lido em função daquilo que se faça ou se pense na metrópole. O produtor da periferia será julgado, no melhor dos casos, como um aluno destacado; no pior, como um ignorante incapaz de compreender as sutilezas da produção central; porém, mais frequentemente, será simplesmente ignorado – o modo de categorização mais depreciativo –, conhecido (embora nem sempre reconhecido) apenas em seu meio mais próximo.

Já comentei, antes, como a organização do material histórico por parte da historiografia central situou decisivamente fora de contexto a produção latino-americana: o sistema de valores apto para entender a arquitetura central mostrou-se

---

17 Este tema foi analisado por Ramón Gutiérrez em diversas conferências. Ver *Summa* n. 251.

inapto para entender a arquitetura periférica, porém não se criou um sistema alternativo para esse fim.

Deste modo, ao introduzir a produção desses países no sistema centro/periferia, comete-se a mesma falácia de quando se julga um período histórico em função dos valores próprios de outro. (A incompreensão e o desprezo pela arte barroca provocado pela ideologia neoclássica é um dos exemplos paradigmáticos.)

O conceito de periferia implica, assim, o desconhecimento da centralidade intrínseca de cada cultura em relação a si mesma, uma centralidade "fraca", talvez, como já foi dito, mas indispensável de ser reconhecida no caso de se pretender chegar a uma compreensão de sua produção e seu caráter.

Essas considerações a propósito do termo "periferia" são válidas, sem maiores mudanças para o termo "margem". Em ambos os casos, trata-se de marcar posições subordinadas a um centro, com um pertencimento adventício que não lhes dá direito à participação, nem lhes deixa liberdade para definir seu próprio desenvolvimento.

A partir de tais reflexões, parece surgir a necessidade de substituir os termos analisados, "periferia" e "margem", por algum outro mais adequado tanto à situação histórica como aos projetos de futuro. Por isso, o conceito de *região* tende a substituir aqueles dois termos nos estudos dos últimos anos. Porque a ideia de região, contrariamente à de periferia, situa cada cultura em um sistema que tem como base, precisamente, a pluralidade de regiões, sistema no qual nenhuma delas exerce a hegemonia, nem pode, portanto, erigir-se em modelo de validade universal. Verifica-se nesse sistema a perda do centro, de que falam os filósofos citados anteriormente, e a valoração das culturas "marginais" na ausência de valores centrais.

A ideia (totalitária) de uma cultura superior é substituída aqui pela do *pluralismo* cultural. Os juízos sobre vantagens e desvantagens, apresentadas por cada cultura nos diversos âmbitos, poderão entrar em outros sistemas – o da demografia, da climatologia, o da produção agrícola ou industrial etc. – dentro dos quais poderão ser categorizadas de acordo com suas respectivas vantagens e desvantagens, porém não serão juízos de valor que permitam qualificar ou desqualificar globalmente uma cultura regional em função de outra. Nesse sistema, não é necessário colocar a produção de uma região no leito de Procusto dado pelas pautas dos países "centrais" para poder qualificá-la: o juízo se dirige a um centro próprio, e nele distingue valores que talvez não tenham sido descobertos, e desvalores que haviam sido confundidos em seu significado profundo.

A substituição dos conceitos de periferia ou de margem pelo de região, o deslocamento radical do ponto de vista – quase uma revolução copernicana – permitiu que arquitetos, críticos, historiadores dirigissem um novo olhar, mais construtivo e original à própria história, ressituando episódios na nova historiografia[18], assim como também à práxis arquitetônica, assentando as bases de uma teoria[19].

Nesse sentido, pode-se aceitar a aproximação regionalista como um modo de entender a circunstância local, nos mais diversos aspectos – modos de vida, tradições construtivas e tecnológicas antigas e recentes, imagens urbanas, tipologias etc. –, sem que isso implique a limitação dentro de um localismo estreito ou o congelamento do desenvolvimento histórico, mas como um modo de afiançar e construir um mundo cultural sobre modelo próprio.

Essa "centralização" das culturas, antes consideradas marginais, pode ser interpretada de diferentes maneiras: Kenneth Frampton, que contribuiu enormemente para lançar o tema na mesa internacional de discussões, a vê como uma possibilidade de *resistência* diante do aparato do mundo pós-industrial, como um modo de manter um núcleo vital sem deixar-se absorver pelo aparato. De minha parte, prefiro interpretá-la como uma *divergência* dentro da direção geral da cultura pós-moderna, como uma intenção de achar caminhos alternativos aos delimitados pela sociedade global.

A primeira seria uma interpretação, por assim dizer, estática: trata-se de conservar algo, de entrincheirar-se diante da

18   Podem ser citadas as análises de Silvia Arango, em relação às qualidades pós-modernas das arquiteturas latino-americanas da década de 1940; os estudos de Ruth Verde Zein sobre a arquitetura brasileira pós-Brasília; e os trabalhos de Carlos Eduardo Dias Comas sobre o significado da obra de Lúcio Costa.

19   Nesse aspecto, merece ser citada a obra teórica de Cristián Fernández-Cox, Nuestra Identidad Sumergida por Nosotros Mismos, *Summarios*, n. 126, 1988, p. 15-22.

invasão de um sistema indesejável; é uma posição, de certo modo, romântica ou nostálgica. A segunda, pelo contrário, é uma interpretação dinâmica, pretende expressar um projeto: em vista das restrições apresentadas pelo aparato da pós-modernidade aos povos periféricos para que estes se aproximem dos modelos centrais, abandona-se essa linha em busca de modelos mais apropriados – e possíveis – para o cumprimento de sua trajetória histórica.

Resistir é manter uma situação, criar para si mesmo um espaço no interior do sistema para não ser absorvido por ele (mas, até quando?).

Divergir é sair do sistema, deixar de lado suas estruturas, empreender rumos inéditos.

Resistir é permanecer para defender o que se é.

Divergir é desenvolver, a partir daquilo que se é, aquilo que se pode chegar a ser. Provavelmente, a diferença entre essas duas interpretações provêm da diferença de origem de seus defensores: a partir do centro, as margens não podem ser vistas como geradoras de projetos, mas apenas, talvez, como refúgio. A partir das margens tudo é – ou deveria ser – projeto.

5. Tipologia

Nos diversos textos e propostas relativos à tipologia podem distinguir-se dois modos fundamentais de entender seu papel na teoria e na práxis arquitetônica: como *instrumento* ou como *princípio* da arquitetura; o primeiro derivado da consideração histórica do tipo; o outro, de sua abstração do devir histórico. A tipologia como instrumento é utilizada tanto para a análise quanto para o ato de projetar, e tanto no nível correspondente ao objeto arquitetônico como no dos estudos urbanos. Nossa abordagem concentra-se na análise histórica e, especificamente, naquilo que se refere à arquitetura.

Antes de abordar o tema específico, algumas observações de caráter geral se impõem: em primeiro lugar, sobre as razões pelas quais o conceito da tipologia aparece no campo do pensamento arquitetônico contemporâneo (ou melhor, reaparece) e, em segundo lugar, sobre o paralelismo entre este conceito e outras noções que caracterizam o pensamento do período.

O ser humano é impensável fora da cultura; a cultura é produto humano, mas ao mesmo tempo o ser humano é produto de sua cultura. Cada cultura está definida por uma série de pautas que determinam aquelas formas de comportamento, aquelas atitudes diante da sociedade e do mundo que serão consideradas normais, dentro do grupo humano respectivo. Com relação a essas tipologias de comportamento ou de atitudes, o juízo será estabelecido sobre as condutas individuais; isoladas desse contexto, separadas desses parâmetros, as condutas individuais perderiam sentido e careceriam de significado real. Assim, na Europa feudal, uma conduta agressiva e um caráter orgulhoso eram considerados como dignos de repúdio frente às tipologias de conduta aceitas para a classe camponesa, enquanto eram altamente apreciados dentro das tipologias da classe nobre: sem essa confrontação não seria possível emitir qualquer juízo.

Da mesma forma que a conduta individual, todo produto humano, em seu caráter de fato cultural e, portanto, histórico, pode ser entendido como pertencendo a alguma ou algumas categorias gerais, sem por isso perder sua condição de unicidade, de acontecimento particular e distinto de qualquer outro pertencente à mesma categoria.

Essa dupla condição se apresenta em todas as formas de conhecimento, pois todas elas necessitam de um momento individualizador e de um momento generalizador[1]. Porém, segundo o tipo de conhecimento de que se trate, serão diferentes entre si os modos com que o particular se relacione com o universal[2]. As ciências naturais formulam leis, que constituem a referência geral para a compreensão do individual; enquanto as ciências da cultura não admitem leis e constroem conceitos gerais que caracterizam e organizam o particular dentro do geral, mas não o determinam[3]. Assim surgem, nas diversas ciências da cultura, os conceitos de *estilo*, de *tipo ideal*, de *estrutura* e, em arquitetura, de *tipo* e *tipologia*.

As duas instâncias, a individual e única e a geral, mantêm entre si uma relação necessária: assim como o individual, ao perder sua relação com o geral, permaneceria no estado de um fragmento carente de sentido; o geral, por sua vez, exige ser formulado em estrita conexão com as particularidades, sob risco de converter-se em uma abstração igualmente carente de sentido.

---

1   Renato De Fusco, *Historia y Estructura*, p. 31.
2   Ernst Cassirer, *Las Ciencias de la Cultura*, Cidade do México: Fondo de Cultura Económica, 1942, p. 107.
3   Idem, p. 113.

TIPOLOGIA

Portanto, a existência de conceitos gerais, dentre os quais o tipo, corresponde a uma necessidade comum às ciências da cultura. Em períodos como o do movimento moderno, em que a teoria arquitetônica proclamava a primazia da invenção e da originalidade e a ruptura com os modos tradicionais de entender a arquitetura – e ainda com os tipos correntes de comportamento social[4] –, deixou-se de lado a utilização do conceito de tipologia, porém o que se rejeitava no nível de análise teórica era introduzido, com uma rigidez inusitada no passado, nas propostas projetuais, nas quais o tipo foi substituído pelo protótipo. (Talvez tenha sido essa mesma rigidez que dificultou sua evolução posterior e sua continuidade histórica.)

A crise da ideologia do movimento moderno produziu uma verdadeira eclosão ideológica, que teve como consequência a abertura das portas da disciplina a conhecimentos provenientes dos mais diversos campos, de modo que sua própria teoria foi substituída por outras teorias disciplinares e perdeu a nitidez, até perder de vista sua especificidade. A inexistência de uma teoria arquitetônica que substituísse, com força semelhante, a da modernidade, bem como a perda de imagem da própria disciplina, foram alguns dos fatores que levaram à busca de uma teoria que recuperasse raízes próprias – e, portanto, se apoiasse no passado – e que apresentasse suficiente generalidade para fundar uma nova orientação estranha à tradição recente: esta foi a "arquitetura de tendência", proposta por Aldo Rossi.

Assim, à dissolução da instrumentalidade da disciplina, à fragmentação crescente das propostas arquitetônicas, ao predomínio de uma crítica que desintegrava a realidade arquitetônica sem conseguir recompor sua unidade, a tudo isso se opôs, com o novo racionalismo, um saber com pretensões de universalidade, que propunha retornar à "essência" da arquitetura[5]. Diz Aldo Rossi:

Penso no conceito de tipo como em algo permanente e complexo, um enunciado lógico que se antepõe à forma e a constitui [...]

4   A filha da família Jaoul narra, em sua idade adulta, as mudanças que Le Corbusier introduziu nos modos de vida de sua família, em uma entrevista publicada em Les Maisons de l'enfance, *L'Architecture d'aujourd'hui*, n. 204, set. 1979, transcrita parcialmente em *Summarios*, n. 53, mar. 1981, p. 172.
5   José Rafael Moneo Vallés, De la Tipología, *Summarios*, n. 79, p. 15-26.

O tipo é constante e se apresenta com características de necessidade [...] o tipo é a própria ideia da arquitetura; o que está mais próximo de sua essência. E por isso, apesar de qualquer mudança, sempre se impôs ao sentimento e à razão como o princípio da arquitetura e da cidade[6].

O tipo é considerado, neste caso, como princípio da arquitetura. Porém, também pode ser entendido como *sujeito histórico*, histórico porque decorre da "destilação", por assim dizer, dos elementos fundamentais de uma série de objetos históricos, e histórico igualmente, porque se insere na história ao ser capaz de aceitar transformações, de servir de base a novas invenções, mantendo, no entanto, uma continuidade que poderia ser considerada de base estrutural.

Em Rossi, como de modo geral nos novos racionalistas, a tipologia formal assume a totalidade dos significados arquitetônicos. O tipo poderia ser definido, nesses casos, pela *rede de relações* topológicas, que dão como resultado uma determinada organização volumétrico-espacial e uma determinada relação com o entorno.

Nas outras tipologias, que podem ser verificadas no organismo arquitetônico – e que serão comentadas adiante –, o atributo característico é também a rede de relações estabelecidas entre os distintos elementos – estruturais, funcionais, de produção etc. E é este modo de entender o tipo que o aproxima de outros conceitos criados – ou recuperados do passado – contemporaneamente em outros campos do conhecimento.

Porque se buscava uma noção generalizadora não só na arquitetura. Como uma reação diante da crescente entropia que domina o mundo do conhecimento, diante da dispersão e da confusão, surgia a necessidade da ordem e da estabilidade – e não era outra coisa que ocorria no terreno político, onde recobravam seu predomínio as tendências mais conservadoras. E diante do descrédito das leis, criam-se – ou se recuperam, revisando-os e adaptando-os às novas circunstâncias – instrumentos que permitam alcançar as características mais profundas e, portanto, mais permanentes da realidade. O conceito de tipo constitui, assim, o paralelo dos outros instrumentos citados acima: a noção de estrutura que invade os mais diversos

6   *La Arquitectura de la Ciudad*, Barcelona: Gustavo Gili, 1971, p. 67, 69.

TIPOLOGIA

territórios; o conceito de estilo, longamente "exilado" da teoria e da crítica arquitetônica e agora reivindicado; a noção de código, própria das ciências da comunicação, que adquire uma vigência geral; o conceito de longa duração, introduzido por Ferdinand Braudel na ciência histórica[7].

Menos direto, talvez, seja o parentesco com os *tipos ideais* da ciência histórica (Burckhardt, Max Weber), pois esses, mais do que uma síntese de elementos da realidade, parecem o resultado de "abstrações idealizadoras"[8]; são instrumentos para investigar e expor a experiência histórica, caracterizando momentos históricos determinados. Por isso, não tem a pretenção de validade universal ou vigência fora de seu próprio âmbito. Aproximam-se, na realidade, dos *modelos científicos*, ao tentar a construção de imagens claras e simplificadas para substituir uma realidade empírica complexa com o fim de tornar possível seu estudo, que é o modo próprio das ciências humanas de construir modelos[9].

Em contrapartida, descobre-se um grau considerável de paralelismo entre as noções de tipo arquitetônico e as de *estrutura e estilo*: pois em todas elas o destaque situa-se nas *relações* entre elementos mais do que nos próprios elementos, e em seu *desenvolvimento histórico*. Segundo Cesare Brandi, a estrutura é um sistema de relações que descrevem o funcionamento de um fenômeno; acrescenta que "uma concepção estritamente sincrônica (da estrutura) é falsa: impõe à realidade um imobilismo artificial; a realidade é sempre fluente"[10].

Segundo Umberto Eco, a noção saussuriana de estrutura, tal como a define Lévi-Strauss, apresenta "duas noções igualmente importantes: 1. a estrutura é um sistema regido por uma coesão interna; 2. a estrutura aparece somente quando posta em evidência pela comparação de fenômenos diferentes entre si e pela redução desses fenômenos ao mesmo sistema de relações"[11]. Para Eco, então, "a noção de estrutura [...] se identifica com a de código" e "uma estrutura é um modelo

7   Ver, supra, p. 71.
8   E. Cassirer, op. cit., p. 20.
9   Idem.
10   *Struttura e architettura*, Turim: Einaudi, 1967.
11   Umberto Eco, *La struttura assente*, Milano: Bompiani, 1968, p. 46s (Trad. bras.: *A Estrutura Ausente*, 7. ed., 2012, p. 32s)

104   O INTERIOR DA HISTÓRIA: CONCEITOS INSTRUMENTAIS

construído segundo certas operações simplificadoras que me permitem uniformizar fenômenos diferentes a partir de um só ponto de vista". Na sequência, Eco diferencia um "estruturalismo ontológico de um estruturalismo metodológico", diferenciação que é como um todo semelhante àquela que destacamos entre o tipo como princípio de arquitetura e o tipo como instrumento – de projeto, de análise etc.

Novamente, nessas definições, aparece a referência ao sistema de relações; agrega-se ainda uma observação de suma importância, ou seja, a existência de um ponto de vista determinado a partir do qual a estrutura se configura, o que, por si só, implica sua concepção como instrumento e não como essência. Do mesmo modo, o tipo se configura mediante a observação dos objetos de estudo, a partir de um ponto de vista determinado; e a multiplicidade de pontos de vista possíveis torna suas acepções tão variadas. De modo que a aparente indefinição do conceito deve ser considerada mais como uma condição de flexibilidade, já que ao admitir diferentes pontos de partida para relevar o sistema, permanece o método de observação (ou de construção do modelo), ainda que variem as categorias de ordenação; e essa variação possibilita seu uso como instrumento para diversos fins.

Quanto ao *estilo*, encontramos novamente essa dupla acepção – que para o estruturalismo é o ontológico e o metodológico, para o tipo sua condição de princípio ou instrumento. O termo estilo, já disse Henri Focillon:

tem dois significados bem diferentes, quase opostos. O estilo é um absoluto, um estilo é uma variável. [...] Por meio da ideia de estilo o homem expressa sua necessidade de reconhecer-se [...] no que tem de estável e universal, além das variações da história, do local e do particular. Um estilo, por outro lado, é [...] um conjunto de formas unidas por uma correspondência recíproca[12].

Um estilo, segundo Focillon, é definido por três componentes: os elementos formais, que constituem o vocabulário; uma série de relações que conformam uma sintaxe; e, por último, o desenvolvimento desse sistema no tempo.

12   *Vita delle forme*, p. 64s.

Fica assim estabelecido o estreito parentesco dessa noção com a de estrutura e a de tipo – sempre que o tipo seja considerado como um sistema de relações e como um produto histórico, devendo, portanto, aceitar transformações que o mantenham em vigor frente às exigências de cada circunstância histórica e, a cada vez, deve carregar-se de novos significados.

No capítulo "As Durações Históricas" tentou-se um paralelo entre as durações históricas de Braudel e os objetos de estudo historiográfico da arquitetura, verificando-se que o tipo pode ser o protagonista de uma história estrutural, ao ter uma vida tão longa que se converte em um elemento de estabilidade diante da mutação das demais capas históricas. Do mesmo modo que os elementos estruturais da história geral, os tipos constituem, a um só tempo, "sustentação e obstáculo para o transcorrer da história"[13]. Provavelmente essa "longa duração" é o mais próximo à atemporalidade que um historiador possa admitir, porém se pode provê-lo desse nível de generalidade, de permanência, que destacávamos anteriormente como indispensável a toda forma de conhecimento: "A totalidade da história pode ser recolocada como a partir de uma infraestrutura em relação a capas de história lenta: todos os níveis se compreendem a partir dessa semi-imobilidade"[14].

Uma história baseada nos tipos (formais) poderia ter um sentido semelhante, se seguida pela proposta de Oswald M. Ungers, de substituir a história tradicional por uma história das ideias arquitetônicas[15]. Ungers entende por "ideias" os tipos formais, tais como o de recintos dentro de recintos que, repetidamente, utiliza: sua "casa para vender", o Hotel Berlim, o Museu de Arquitetura em Frankfurt. Para uma história dessa natureza, seria necessário considerar a vigência de cada tipo em determinado período histórico (ou períodos) e controlar as

---

13 F. Braudel, *La Historia y las Ciencias Sociales*, p. 70.

14 Idem, p. 74.

15 Segundo Ungers: "A história da arquitetura deveria ser vista como uma história de ideias e não [...] como uma enumeração cronológica de estilos. As ideias arquitetônicas [...] são independentes do tempo e do espaço e existem somente em um nível conceitual. [...] A história da arquitetura deveria converter-se em um texto vivo de ideias para um desenvolvimento futuro no sentido de sua continuação e aperfeiçoamento". The Doll within the Doll – Incorporation as an Architectural Theme, *Lotus*, n. 32, 1981, p. 21.

mudanças neles produzidas, distinguindo aqueles que, por sua profundidade, indiquem modificações culturais relevantes (um desses casos seria o da substituição do círculo pela forma oval na planta central, na época do barroco, por exemplo).

Com isso chegamos ao tema da *tipologia como instrumento* historiográfico. Já mencionamos dois campos: o da história urbana e o da história da arquitetura. Sobre a historiografia urbana faremos breve referência às teorias de Aldo Rossi, para nos ocuparmos, de forma mais extensa, da historiografia arquitetônica. Enfocamos o tema da historiografia urbana através dos trabalhos de Rossi, por sua estreita conexão com o tema da arquitetura, que tentamos tratar de forma específica.

"A originalidade da escola italiana (nos estudos urbanos), iniciada por Saverio Muratori, reside na análise formal da arquitetura centrada na relação entre morfologia urbana e tipologia de edificações", afirma Massimo Scolari em um exaustivo artigo sobre a ciência urbana[16]. Na verdade, Rossi afirma que "entre tipologia de edificações e morfologia urbana existe uma relação binária e o fato de elucidar essa relação pode levar a resultados [...] extremamente úteis para o conhecimento da estrutura dos fatos urbanos"[17]. Pois bem, em Rossi, a utilização da tipologia como instrumento de investigação da história urbana vincula-se ao seu conceito de tipo como princípio de arquitetura, ao qual fizemos referência anteriormente e, desse modo, análise e projeto têm na tipologia um ponto de encontro, assim como arquitetura e cidade, pois parte-se de uma teoria da cidade fundada no papel configurador dos tipos de edificações.

A tipologia construtiva é estudada por Rossi em dois aspectos, aos quais chama de área-residência e fatos primários[18]. Nos dois casos refere-se a tipologias formais, porquanto considera que "em sua constituição, as próprias formas vão além das funções"[19]. Assim, claramente se produz em seu pensamento a inversão da fórmula "a forma segue a função", incontestada durante tanto tempo. Para a análise do que esta postura

16 Un contributo per la fondazione di uma scienza urbana, *Controspazio*, jul.-ago. 1971.
17 Op. cit., p. 101.
18 Idem, p. 143.
19 Idem, p. 144.

significa em sua aplicação ao projeto da cidade, remetemos ao artigo de Rafael Moneo[20]; o que interessa em nosso trabalho é seu significado no que tange à história da arquitetura.

Rossi "não se ocupa da arquitetura em si, mas da arquitetura como componente do fato urbano"[21], para cujo fim a história da arquitetura se limita à história dos tipos que constroem a cidade, considerados em seus aspectos formais. Esse modo de aproximação, cujo valor para a história urbana não cabe discutir aqui, ainda quando longe de esgotar a análise historiográfica da arquitetura, destaca um aspecto fundamental para a análise: a íntima relação do fato arquitetônico com a cidade.

No entanto, antes de aplicar diretamente seu enfoque em nossas cidades, deve-se ressaltar que essa relação, tal como entendida por Rossi, embora se ajuste à origem e desenvolvimento das cidades europeias em geral, não se verifica da mesma maneira na maioria das cidades da América espanhola. Pois se as cidades europeias formaram suas estruturas a partir de um ou vários monumentos – igrejas, edifícios públicos, mercados, palácios etc. –, combinando a presença do edifício e o espaço gerado ao seu redor com a topografia do lugar, na América espanhola a grande maioria das cidades cresceu a partir de um rígido esquema ortogonal, no qual não se pode afirmar que a arquitetura construísse a cidade ou definisse os espaços urbanos; em todo caso, pôde construir *a imagem* da cidade.

A arquitetura qualificou e deu sentido ao esquema que, por sua vez, limitava o impacto da arquitetura sobre seu desenvolvimento e definia, inequivocamente, os espaços urbanos.

De qualquer forma, parece estabelecida a impossibilidade de compreender um fato arquitetônico separado de seu contexto urbano, com o qual contribuiu em diversas medidas a serem definidas, e que contribui, por sua vez, permanentemente para qualificá-lo e determinar seu significado. Esse ponto de vista é particularmente importante para a compreensão dos monumentos religiosos do período colonial da América espanhola. Durante longo tempo, os historiadores estudaram esses monumentos, incluindo-os no contexto tipológico das obras europeias das quais derivavam. Em semelhante contexto, as obras

20   De la Tipología, op. cit.
21   Op. cit., p.186.

México, El Zócalo, com as silhuetas da Catedral e do Sagrario.

americanas apareciam como "cidadãos de segunda", com o valor muito relativo de algumas versões provincianas das grandes correntes tipológicas universais (entendendo-se, evidentemente, europeias como universais). O desenvolvimento de conceitos espaciais ligados a situações culturais determinadas, a evolução dos estilos, o sucessivo ajuste das tipologias, enfim, tudo o que parece caracterizar a história da arquitetura europeia estava ausente nesse conjunto de obras que se viam isoladas, sem relação de continuidade entre si, como meros desprendimentos do tronco principal da cultura arquitetônica. Portanto, ficava muito difícil encontrar categorias específicas para elas, normas que permitissem estabelecer escalas próprias de valor; no máximo, poderiam ser agrupadas de forma genérica por tipologias funcionais e grupos regionais desenvolvidos em lapsos históricos mais ou menos limitados – como os chamados conventos-fortaleza do México, no século XVI, ou as grandes catedrais do século XVIII, ou o heterogêneo conjunto do chamado barroco americano do século XVIII – dentro dos quais não cabia juízo de valor além de uma apreciação estética impressionista.

A consideração dessas obras no contexto de seu ambiente urbano, ou de seu entorno rural, introduz, por outro lado, elementos específicos de juízo, que não se referem a escalas de valor estranhas ao modo de produção do monumento. A forma como uma catedral do México define um espaço e se relaciona com ele cobra à sua soberba presença um significado que seu esquema tipológico não poderia reconhecer. Nem mesmo a igreja da Companhia de Cuzco, encarando com brio a tranquila catedral na antiga praça inca, limita seu significado à repetição eficaz de uma tipologia. Outro tanto poderia ser dito de Santa Prisca de Taxco, dominando o povoado desde cima, ou de Santa Catalina de Córdoba, com sua elegante silhueta encravada em um meio rural quase selvagem, que lhe outorga uma carga cultural inusitada; ou de cada uma das pequenas capelas que presidem com dignidade as praças de distritos e cidades de toda a América espanhola: exemplos de um mesmo tipo, repetido até o cansaço em suas peculiaridades estruturais, conseguem, no entanto, caracterizar o lugar que, por sua vez, lhes atribui uma imagem particular e única.

Assim sendo, o contexto tipológico escolhido pelo historiador pode resultar em um instrumento de exclusão – e, portanto, de incompreensão ou de subvalorização – ou então um instrumento de inclusão e, portanto, de justa valoração. A tipologia, em si mesma, não tem um sentido exclusivista: é sua utilização equivocada, a escolha de um critério tipológico errado, aquilo que pode ser "sectário" e vem, com certeza, de uma atitude mental sectária, consciente ou inconsciente, ou produto de um estado da época da cultura ou de uma decisão individual.

Cabe agora entrar na consideração dos aspectos não enfocados na história proposta por Rossi, aspectos que são indispensáveis para interpretar o significado do fato arquitetônico, além de seu sentido como fato urbano.

A tipologia como instrumento da historiografia arquitetônica apresenta várias possibilidades de utilização:

- como pauta para a periodização;
- como objeto de estudo;
- como pauta para a organização do material histórico;
- como base para a análise crítico-histórica dos fatos arquitetônicos.

O INTERIOR DA HISTÓRIA: CONCEITOS INSTRUMENTAIS

A tipologia formal, e em particular seu aspecto linguístico, constituiu a pauta tradicional para a *periodização* da história arquitetônica. Ao falar de arquitetura gótica, maneirista ou barroca, existe uma referência direta a um conjunto de tipos arquitetônicos relacionados entre si em muito boa medida por seus aspectos formais. O peso das tipologias linguísticas é especialmente notável na definição das distintas fases de cada um desses períodos; mais de uma vez suas denominações aludem a tais características, como ocorre com o gótico pontiagudo ou o perpendicular na Inglaterra, o flamejante na França etc.

Também com base em tipologias formais debateu-se a periodização da arquitetura posterior à Idade Média. Vários séculos englobados sob o conceito de Renascimento, que implicava uma tipologia formal e definida, foram se articulando sucessivamente, primeiro com o reconhecimento do barroco, depois do maneirismo, quando certas obras consideradas como meros desvios ou aberrações em relação à tipologia formal canônica foram compreendidas como representantes de uma atitude artística e cultural própria. Mas a permanência de certos elementos básicos da tipologia formal faz com que, às vezes, considere-se todo o período compreendido entre os séculos XV e XVII como uma grande unidade, como no estudo de Wylie Sypher, que analisa as transformações na arte e na literatura renascentista entre 1400 e 1700[22].

Pevsner tentou periodizar com pautas formais a arquitetura do século XIX, mais exatamente a chamada arquitetura vitoriana, em um seminário na Argentina em 1960[23], tentativa evidentemente arriscada, ao tratar-se de uma arquitetura na qual se combinavam as mais diferentes formas estilísticas. Aparentemente era possível distinguir períodos em que se utilizavam maior ou menor número de fontes estilísticas, em que o peso ornamental sobre as estruturas arquitetônicas fosse maior ou menor. De toda forma, em seu livro centrado no mencionado período, Pevsner parece dar como certa tal periodização, falando de "primeiro estilo vitoriano e pleno momento

22 Cf. *Four Stages of Renaissance Style*, New York: Doubleday & Co., 1956.
23 O seminário foi realizado em Córdoba para o Instituto Interuniversitário de História da Arquitetura.

TIPOLOGIA

vitoriano"[24], ou que "o estilo italiano da primeira época vitoriana se converte no livre *Cinquecento* (século XVI) de pleno momento vitoriano"[25], ainda que sem chegar a definir em nenhum lugar o que entende por estes períodos.

Que a tipologia formal – ou o estilo, se quisermos – seja pauta tradicional para a periodização histórica não quer dizer, certamente, que seja a única. Um conjunto completo de elementos caracterizadores conflui para determinar tais articulações históricas; mas é, sem dúvida, a pauta preferencial, a mais evidente, aquela na qual podem ser lidos, mais diretamente, os fatores que identificam uma realidade histórica.

As tipologias formais, em seu aspecto visual, foram tomadas por Heinrich Wölfflin, não mais como pautas de periodização, mas como *objetos de estudo* – objetos de estudo que deviam levar à compreensão dos conceitos essenciais da história da arte: suas "formas de ver" podem ser comparadas com os conceitos de "estilo", ou seu paralelo de "tipo", comum na cultura alemã do século XIX[26]. Em Wölfflin, o tipo é resultado da análise de exemplos tomados dos períodos renascentista e barroco, cujo estudo comparativo estabelece uma teoria sobre a transição de um momento para outro, à qual atribui um valor generalizado, com o propósito de compreender a evolução da arte moderna, ao estudá-la em seu "momento mais pleno". Como resultado colateral, liberou o barroco da apreciação negativa que sofria ao ter sido julgado em relação aos cânones renascentistas.

Wölfflin apoia-se na teoria da pura visibilidade para sua análise, dando prioridade à evolução interna dos estilos em relação aos desenvolvimentos gerais da cultura para a determinação dos conceitos básicos da arte. Resulta, assim, uma afirmação da autonomia da arte que aparecerá, sem dúvida, em todos os casos em que as tipologias formais alcancem uma proeminência significativa sobre os demais parâmetros de juízo. Os trabalhos de Wölfflin constituíram, portanto, em seu

---

24 [1976], *Historia de las Tipologías Arquitectónicas*, Barcelona: Gustavo Gili, 1979, p. 55.
25 Idem, p. 253.
26 [1915], *Conceptos Fundamentales de la Historia del Arte*, Madrid: Espasa-Calpe, 1952.

momento, um importante aporte para fazer frente às teorias deterministas de índole diversa, que tinham um peso inegável na cultura estética do período.

Pevsner, por seu lado, tomou as tipologias funcionais como *pauta para ordenar* a produção arquitetônica; segundo o título de seu livro *História das Tipologias Arquitetônicas*, seu conteúdo pareceria referir-se a toda a história; ou ao menos a toda a história da arquitetura ocidental; porém, na realidade, a maior parte do texto destina-se à arquitetura do final do século XVIII e do século XIX.

Oriol Bohigas afirma que a escolha de tal pauta constitui "uma tomada de partido no que diz respeito à relação entre arquitetura e cidade, uma maneira de entender como se configura a urbe, e onde se assentam seus elementos essenciais, aqueles que definem sua imagem", ao realçar "os edifícios que constituem a 'arquitetura civil', entendidos como pontos de referência monumental e representativa na cidade, como eixos de uma organização cívica da comunidade"[27]. Embora o livro possa ser lido desse modo – e o fato de permitir múltiplas leituras é um sinal da riqueza de uma obra – tal intenção não parece ter estado na mente do autor. Na verdade, quando Pevsner fez o referido seminário em Córdoba, segundo indicação do prefácio de seu livro, ele estava elaborando o tema; e ao ser perguntado sobre a teoria que sustentava sua seleção ou seu ordenamento, a resposta foi inequívoca; o estudioso se propusera revelar esse patrimônio desdenhado até o momento pela historiografia – o seminário versou exclusivamente sobre o século XIX – e achava que o modo mais lógico de fazê-lo era procedendo por tipologias funcionais. Não esboçou nenhuma teoria a respeito nem, com certeza, mencionou o tema da cidade que, além disso, até 1960 não estava no primeiro plano nas preocupações de arquitetos e teóricos.

Portanto, pode-se afirmar que Pevsner escolheu a ordem, com base nas tipologias funcionais, porque, como afirma em seu prefácio, isso lhe permitia "uma prova da evolução tanto de seu estilo como de sua função; o primeiro, tema da história da arquitetura, e o segundo, da história social"; e porque a

---

27   Cf. Prólogo, em N. Pevsner, op. cit.

função era o traço dominante do período que mais lhe interessava, enquanto não o era o estilo, pauta tradicional de periodização, cujas mudanças, como já se disse, o autor tinha proposto definir para o período, mas que, certamente, não podia utilizar como pauta previamente a tal definição. Um dos principais acontecimentos na arquitetura daquele período fora, exatamente, a aparição ou redefinição de inúmeras tipologias funcionais, consequência das profundas transformações sociais, produtivas e tecnológicas. E, sem dúvida, é uma atitude de bom historiador a de ter escolhido esse ponto de vista para buscar compreender o período.

Pois o historiador não pode impor um esquema à realidade histórica, sob o risco de deformá-la ou simplesmente não compreendê-la. O esquema ordenador, o recorte efetuado sobre a realidade, deve surgir da problemática respectiva, assim o historiador poderá evitar o perigo de forçar os dados da realidade para acomodá-los a um determinado *a priori*.

Tais considerações me levaram – ao abordar a formulação de um esquema para a história da arquitetura argentina, destinado à série de documentos publicados pela revista *Summa*[28] – a descartar uma periodização baseada em tipologias estilísticas, entre outras razões, "porque sua origem geral fora do país e sua atribuição a diferentes grupos sociais faz com que se superponham no tempo", e da mesma forma "porque ao não serem criações originais de nossa cultura, não se traduzem em elementos essenciais para a compreensão de nossa arquitetura". Descartou-se também a decisão de tomar obra ou autores como objeto de estudo, porque "poucas vezes em nossa história surgem monumentos [...] que tenham se constituído em viveiro de obras ou atitudes diante da arquitetura"[29], e também porque a intenção de abarcar a construção geral do entorno me levou a tratar tanto a arquitetura profissional como a empírica. Por essas razões, decidiu-se tomar as *tipologias funcionais* como *objeto historiográfico*, enquanto para definir a periodização foram tomadas em consideração as pautas fornecidas pelas transformações no processo

---

28 A série foi publicada na revista *Summa*, com o título Summa/História, entre 1974 e 1977, organizada depois em forma de livro, com o título *Documentos para una Historia de la Arquitectura Argentina*, em sucessivas edições: 1978, 1984 1988.
29 Idem, p. 15.

de produção da arquitetura, na distribuição da população, nas relações de dependência econômica e cultural etc., e com isso novamente atuam como pautas definidoras o predomínio, o aparecimento ou o desaparecimento das diversas tipologias. Essas decisões historiográficas pareceram, portanto, as mais adequadas para examinar uma realidade em que as circunstâncias externas são tão mais poderosas que a força interna de desenvolvimento da cultura, especialmente no domínio de uma atividade como a arquitetura ligada àquelas circunstâncias.

A tipologia como instrumento para a análise histórica constituiu a base para livro *La Estructura Histórica del Entorno*. Parece-nos útil retomar os fundamentos de tal trabalho. Começarei por explicar as razões que, naquele momento, conduziram a esse ponto de partida.

Ao tentar, há quinze anos, a busca de um modo de entender a história da arquitetura, a dispersão – ou talvez devesse dizer implosão – a que havia chegado o próprio conceito de arquitetura desafiava qualquer proposta de definição precisa. Estavam longe os tempos em que Pevsner, sem vacilar, distinguia arquitetura de construção (uma catedral de um barracão)[30], e naqueles em que o objeto de estudo da historiografia arquitetônica era um "objeto" separado de seu entorno ou indiferente a ele, cuja análise começava e terminava nos limites de sua própria construção. Quantitativa e qualitativamente, estavam destruídos os limites do território correspondente à arquitetura. Havia-se produzido

uma ampliação em todas as dimensões imagináveis: o crescimento da escala [...]; a abertura em direção aos mais variados campos do saber, que tende a transformar profundamente o caráter da tradição profissional; a extensão do serviço profissional aos mais diversos aspectos da construção do *habitat* [...]; consequentemente, a eliminação de "escalas de valores" entre as tipologias arquitetônicas[31].

Essa foi a situação que me impulsionou a tentar um modelo de análise que, ao apoiar-se mais nas *relações* estruturais do que na enumeração e definição de objetos, respondesse à "fluidez,

---

30   Introducción, *Esquema de la Arquitectura Europea*, Buenos Aires: Infinito, 1957.
31   *La Estructura...*, p. 39.

TIPOLOGIA

abertura, indeterminação", que apareciam como condições relevantes do campo de estudos. Por isso, os objetos de estudo deveriam obter "uma condição suficientemente geral para que suas relações pudessem conformar um sistema estrutural. Para isso, em lugar de considerar 'formas', 'funções', 'estruturas' etc., pareceu conveniente trabalhar sobre *tipologias* formais, funcionais etc."[32].

Portanto, a necessidade de utilizar o conceito de tipo surgiu para responder a uma condição histórica precisa da arquitetura, na qual apenas uma trama de relações entre "objetos" de suficiente generalidade, como as tipologias, poderia fornecer um método de trabalho bastante abrangente, para não cercear a complexa realidade mediante esquemas estreitos. Contudo, para alcançar uma análise em profundidade, era necessário ir além dos tipos normalmente considerados, isto é, o tipo formal e o tipo funcional, que, como já vimos, podem chegar a ser considerados suficientemente úteis para a análise urbana. Se, por outro lado, como deve ocorrer em um estudo histórico, se pretender atingir o próprio *significado* do objeto analisado, deve-se considerar o máximo possível de elementos que concorrem para sua conformação e, portanto, que no trabalho citado se atendesse, junto com as tipologias mencionadas, a tipologia estrutural, a de relação entre a obra e o entorno, a dos modos de utilização das técnicas ambientais.

As tipologias foram organizadas em *séries* que, por sua vez, foram estudadas por meio de uma *rede de relações* (o processo de projeto, o processo de produção, as teorias arquitetônicas, as exigências sociais). Essa organização em séries diacrônicas, de índole especificamente histórica, distingue a proposta das análises urbanas que, sem deixar de lado a dimensão histórica, colocam necessariamente maior ênfase nas relações espaciais.

O fato de centrar o comentário sobre a utilização da tipologia para a análise histórica em meu próprio trabalho não significa que esse seja o único ou sequer o principal dos propósitos nesse campo. A meu ver, seu interesse reside, por um lado, no fato de resultar em um testemunho claro da tendência geral da cultura arquitetônica até fins da década de 1960; e, talvez com

32 Idem, p. 61.

O INTERIOR DA HISTÓRIA: CONCEITOS INSTRUMENTAIS

uma vigência mais permanente, na proposta desse esmiuçar do tipo e sua organização em séries que, ao mesmo tempo que obriga a definir com maior precisão os aspectos tipológicos com os quais se está trabalhando, permite, mediante a análise de cada objeto, situá-lo em uma rede histórica concebida de um modo menos esquemático que a tradicional linearidade, uma rede baseada na atual noção de que o transcorrer histórico se produz em múltiplos níveis, de que as diversas séries de acontecimentos (aconteceres) se movem em ritmos diferentes entre si e que, às vezes, retrocedem ou avançam em saltos. O encontro do conjunto das séries tipológicas em uma obra revela, assim, atrasos, adiantamentos, anacronismos que devem ser atribuídos a diversas circunstâncias históricas, entre elas, as atitudes ideológicas próprias, seja da cultura do momento, da mentalidade profissional ou do criador individual. Uma análise dessa natureza, portanto, conduz a uma consideração crítica do objeto de estudo e à exploração de seu significado, entendendo-o como significado cultural[33]. Ao aplicá-lo a exemplos da arquitetura latino-americana, a forma de desenvolvimento das séries, suas interrupções, seus avanços, mais de uma vez separados das reais condições do meio, revelam a existência de uma problemática diferente da europeia, que exige levar em consideração alguns aspectos tipológicos, talvez irrelevantes para esta última.

Um deles é a linguagem. Quando se fala de tipo, entendendo com isso o tipo formal, considera-se a organização de partes que guardam entre si relações determinadas, sem considerar as diferentes expressões linguísticas que possam revestir essa forma essencial. Porque o tipo se caracteriza, precisamente, por sua falta de definição na expressão concreta, por sua disponibilidade; qualquer associação permanente ou imposta que se pretendesse estabelecer entre um tipo e uma determinada linguagem destruiria essas possibilidades e os converteria em protótipo.

Por outro lado, durante séculos, a linguagem permaneceu estruturalmente unida à escolha de um tipo formal, admitindo em cada caso um espectro limitado de variações. Porém, a partir de Durand, do ecletismo e das aventuras linguísticas do pós-modernismo, a linguagem adquire uma entidade

33 M. Waisman, El Significado de la Arquitectura: Un Modelo de Análisis, *Summarios*, n. 5, fev.-mar. 1977, p. 27.

TIPOLOGIA

independente em alto grau, que exige seu ordenamento em categorias ou tipos. A linguagem constitui, portanto, um dos aspectos da tipologia formal a ser considerada em si mesma, e será tratada especificamente no próximo capítulo.

Outra questão que requer uma consideração particular é a da tipologia de *relação do edifício com o entorno*. Nas cidades europeias, o lento ritmo das transformações permite a proposição da análise dos tipos históricos, como base para o projeto da cidade, considerando-os como a matéria-prima mais sólida do tecido urbano. Em nossas cidades, em contínua transformação e rápido ritmo de mudança, a análise histórica não pode deter-se no descobrimento dos tipos, na descrição das mudanças e na interpretação das respectivas causas. O juízo histórico, o significado atribuído a tais tipologias, dependerá da interpretação da problemática urbana correspondente e das pautas que o observador considerar positivas para o desenvolvimento da cidade em questão. Esse juízo não poderá deixar de considerar o impacto que a tipologia causa na morfologia urbana, sua capacidade para criar ou para destruir um entorno adequado para a vida urbana.

No capítulo relativo às durações históricas, comentou-se o tema relativo ao crescimento e densificação das cidades argentinas e a nova relação estabelecida entre o edifício em altura sobre paredes-meias e a paisagem urbana, como também o resultado da inserção da nova tecnologia em torre, que pode significar a ruptura da relativa ordem existente, se não se conseguir propor uma nova ordem coerente com essa tipologia[34]. Em cidades como Quito, onde o crescimento do centro comercial e financeiro se realizou fora do centro histórico, a tipologia de torres isoladas resultou em uma desordem visual inusitada, pelo fato de o tipo ter-se difundido sem um adequado modelo urbano prévio, e por desenvolver-se, portanto, uma violenta competição quanto à diferenciação formal de cada novo exemplar. Daí que "valores" como originalidade, perfeição técnica, nível estético individual não podem ser determinantes para o juízo histórico-crítico sobre uma nova proposta arquitetônica em casos como os citados.

Esses comentários bastam para explicar e justificar a afirmação anterior sobre o modo pelo qual a relação do edifício

---

34   Ver supra, p. 75-76; 81-82.

com o entorno deverá ser submetida ao juízo histórico. Há, porém, outro aspecto dessa relação que é relevante: é o das transformações que o entorno de um monumento pode sofrer em sua caracterização funcional dentro da cidade. Na cidade de Córdoba, na década de 1940, começa uma transformação que se consolidará na década seguinte com o aparecimento da indústria em escala relevante. Isso produzirá uma profunda mudança na estrutura funcional da cidade: a antiga Plaza Mayor, que durante séculos foi o coração da cidade, deixará de sê-lo. O centro nevrálgico da cidade será transferido para o cruzamento de avenidas de grande tráfego, evidenciando a nova imagem dinâmica da cidade moderna: mais adiante, a esse centro se agregará outro polo de atração ativo – o conjunto de ruas de pedestres dedicadas em quase toda a sua extensão ao comércio. O antigo coração ficará então marginalizado, adjacente a esses centros dinâmicos e, na nova estrutura, a catedral e os prédios públicos, outrora símbolos únicos e indiscutíveis da cidade, mudarão de significad, perdendo esse caráter. A catedral, mantendo seu indiscutível significado religioso, já não mais será o símbolo total da cidade, convertendo-se em um símbolo de valor quase turístico, em um marco que caracteriza uma reduzida área da paisagem urbana. O fato arquitetônico que, originariamente, impondo seu próprio significado, contribuiu para construir a imagem da cidade, depende em cada momento, no entanto, para a determinação de tal significado, do mutável desenvolvimento da estrutura funcional da cidade. Mais adiante retornaremos a outros aspectos do tema do significado.

Uma das séries tipológicas cujo desenvolvimento é mais significativo para a compreensão da história da arquitetura em nossos países é a de *tipologias estruturais*. Ainda nos países desenvolvidos, as mudanças nas tipologias estruturais não são produzidas em uma exata correlação com o progresso tecnológico do meio. Reyner Banham destacou esse fato e o documentou em uma série de artigos, em 1960[35], denunciando o atraso da arquitetura com relação à ciência e à tecnologia contemporânea. Segundo Banham, a causa principal desse atraso era provocada por uma ideologia profissional conservadora.

---

35   Cf. *Architectural Review*, fev.-maio, 1960.

Em nossos países, diferentemente do indicado por Banham, – e sempre que a confrontação seja realizada com as condições locais da tecnologia e não com as condições existentes nos países desenvolvidos – se perceberá com surpresa que, com bastante frequência, as tipologias estruturais se colocam à frente em relação ao estado geral da tecnologia e da produção. Pode ocorrer, então, que inesperadas e engenhosas soluções apareçam, nas quais a nova tecnologia é adaptada à situação real da produção; ou então que, em contraste com a sólida consistência dos exemplos europeus ou norte-americanos, o resultado seja a precariedade ou a ineficiência: fachadas-cortina que não o são e não cumprem adequadamente suas funções, sistemas de pré-fabricação que fracassam por deficiências técnicas ou financeiras, construções que se deterioram rapidamente por utilizar materiais que não resistem à crônica falta de manutenção etc.

Essa lacuna se deve, em geral, à utilização de tipologias estruturais atribuídas a determinadas tipologias formais que, por influência das culturas arquitetônicas dominantes, substituem arbitrariamente as existentes, sem que a tipologia funcional o exija ou sem buscar soluções próprias das possíveis exigências. Acaba-se perseguindo, em vez de uma realização tecnológica integral, uma *imagem tecnológica* avançada.

A análise das relações entre essas séries – estruturais, formais, funcionais, de tratamento ambiental – leva, assim, a desmascarar a dependência cultural que frequentemente ataca tanto profissionais como comitentes, e da mesma forma pode ajudar a descobrir orientações positivas, dirigidas para a realização de uma cultura arquitetônica livre de laços coloniais.

Como conclusão, pode-se afirmar que a forte incidência dos fatores políticos, econômicos, sociais, territoriais e a carência de um desenvolvimento interno sistemático das tipologias diferenciam profundamente o caráter de uma historiografia latino-americana de uma europeia. A utilização do instrumento tipológico parece adequar-se à sua problemática sempre que, como tentamos destacar aqui – do mesmo modo que para os demais instrumentos do pensamento historiográfico –, ele se distancie dos modos de utilizá-lo na análise das arquiteturas dos países centrais e, em cada ocasião, sejam explorados novos usos para o antigo instrumento.

6. Linguagem

Em geral, os linguistas aceitam a natureza arbitrária do signo, mas mesmo Ferdinand de Saussure, que coloca tal princípio, admite que essa arbitrariedade tenha gradações e que o signo pode ser relativamente motivado. Se o princípio irracional da arbitrariedade do signo fosse aplicado sem restrições "chegaríamos à complicação suprema; mas o espírito consegue introduzir um princípio de ordem e de regularidade em alguma parte da massa dos signos, e esse é o papel desempenhado pelo relativamente motivado"[1]. Pois bem, Claude Lévi-Strauss, depois de examinar vários sistemas de análise e diferenciação utilizados por povos chamados primitivos, afirma que, ao contrário, esses vão da motivação ao arbitrário: "os esquemas conceituais são forçados constantemente para introduzir elementos retirados de outras partes; e [...] esses acréscimos, frequentemente, acarretam a modificação do sistema"[2].

Algo análogo parece ocorrer com o desenvolvimento das linguagens arquitetônicas: pilastras, colunas, entablamentos, nervuras etc., nascem como elementos de um sistema motivado

---

1 Saussure apud C. Lévi-Strauss, *El Pensamiento Salvaje*, Cidade do México: Fondo de Cultura Económica, 1964, p. 228.
2 Idem, p. 229.

O INTERIOR DA HISTÓRIA: CONCEITOS INSTRUMENTAIS

pela estrutura portante, logo arbitrariamente carregando-se de formas "extraídas de outras partes": elementos vegetais e animais recobrem e conformam capitéis e frisos, multiplicam-se desnecessariamente as colunas nos pilares góticos, o perfil das cornijas se complica e todo o sistema, enfim, sofre variações em suas proporções, na disposição de suas partes, em sua sintaxe. Chega, assim, um momento em que o sistema abandonou toda relação mais ou menos direta com a estrutura portante e é utilizado para diversos fins não estruturais: seja o de aludir a uma estrutura existente ou não, ou o de estruturar formalmente espaços ou paredes ou, por fim, totalmente separado da razão original, o sistema se converte efetivamente em signo arbitrário, em signo que dá significado a si mesmo, com toda a carga de conotações relativas à sua origem cultural, ou com as conotações coletadas durante sua trajetória autônoma pela história.

A produção do signo, a elaboração da linguagem, está nas mãos de grupos de decisão; é o que Barthes chama de uma *logotécnica*. O sistema de signos não é elaborado pela "massa falante", afirma Barthes, e nos atreveríamos a acrescentar que tampouco o são os anseios e nostalgias, as aspirações e os sonhos. É como se a matéria dos sonhos lhes fosse fornecida pelos grupos de decisão. Assim aconteceu com os mitos sociais de progresso e liberdade, representados com a substituição dos altares barrocos pelos neoclássicos, ou o mito da origem étnica pura, materializada no retorno da arquitetura ao hispânico: propostos à "massa falante", foram aceitos e adotados por ela. O grau e a rapidez da aceitação dependem, sem dúvida, do acerto com que os grupos de decisão interpretem as tendências existentes ou potenciais da massa falante.

Na história mais ou menos anônima dos signos arquitetônicos há momentos perfeitamente definidos por criadores individuais. Lembremos apenas Brunelleschi, que produziu uma verdadeira revolução linguística ao codificar as relações espaciais através da racionalidade da visão em perspectiva, fixando uma construção intelectual do espaço que dominaria a arte ocidental por mais de quatro séculos[3]. As alusões estruturais ou históricas passam aqui para o segundo plano: o importante

3 Manfredo Tafuri [1969], *L'Architettura dell'Umanesimo*, 4. ed., Roma/Bari: Laterza, 1980, p. 20.

LINGUAGEM

é esse modo de conceber o espaço e a "gramática puramente métrica [que torna] constante o uso dos elementos individuais e conceitualmente secundária sua individualização"[4].

A história do desenvolvimento da linguagem na arquitetura ocidental está marcada por essas experiências pessoais ou de grupos artísticos que precipitam ou condensam formas de interpretar a realidade, próprias da cultura de uma época. Para uma visão global de suas transformações conceituais poderia tentar-se uma analogia com a análise da linguagem literária feita por Michel Foucault. Ele afirma que, no século XVI, as línguas estavam em uma relação de analogia com o mundo, mais que de instrumentos de significação; isto é, nelas se superpunham seu valor de signo e seu valor de "duplos" da realidade[5]. Essa identidade entre o signo e o significado tem como pano de fundo o conceito da existência de um texto original, "as marcas da natureza", que lhe servem como fundamento. A língua nada faz senão tornar legíveis essas marcas naturais. Por outro lado, nos séculos XVII e XVIII, os dois termos – signo e significado – serão diferenciados e será colocada a questão de como um signo pode estar ligado àquilo que significa: a análise se centrará, então, na *representação*. A literatura está constituída por um significado e um significante; a linguagem já não é algo inscrito no mundo, não é algo original, mas que vale como discurso, vale porque significa. No século XIX, a literatura busca sua autonomia e retorna da função representativa à sua própria forma, a linguagem nasce em seu próprio ser: porém, já não existe, como no Renascimento, essa palavra primeira, originária, que fundamentava o discurso.

O profundo sentido de pertencimento da linguagem e do mundo está destruído. [...] As coisas e as palavras irão separar-se. O olho está destinado a ver, e somente a ver; o ouvido, somente a ouvir. O discurso terá por tarefa que dizer o que é, mas não será nada além do que diz. [...] Agora a linguagem vai crescer sem ponto de partida, sem fim e sem promessa. É a trajetória desse espaço vão e fundamental o que traça, dia a dia, o texto da literatura[6].

---

4   Idem, p. 21.
5   *Les Mots et les choses*, Paris: Gallimard, 1966, p. 52s. (Trad. bras.: *As Palavras e as Coisas*, São Paulo: Martins Fontes, 2000)
6   Idem p. 59.

O INTERIOR DA HISTÓRIA: CONCEITOS INSTRUMENTAIS

De modo análogo, poder-se-ia observar que a arquitetura renascentista construía uma ordem espacial que tinha seu fundamento primeiro em uma ordem universal; a visão em perspectiva, assim como as convenções da linguagem classicista, dificilmente poderiam ter tal peso histórico se tivessem sido tão somente um artifício formal. Por sua vez, a arquitetura do barroco e a do classicismo francês representavam uma ordem social e se expressavam mediante signos que se referiam a forças sociais (o reino, a igreja), apresentando-as com eloquência; aqui, a retórica desempenhou papel preponderante que não existiu no primeiro renascimento.

Já no século XVIII, descobre-se a relatividade das linguagens e dos costumes e a obra de Fisher von Erlach "vale como crítica ativa do conceito de linguagem como estrutura transparente do significado", assim como Piranesi, no Campo Marzio, "demonstra que a geometria pura, no absoluto vazio semântico que a caracteriza, é o único significado ao qual pode referir-se toda aquela casuística paradoxal"[7]. Segundo Tafuri, Piranesi teria tratado de destacar o nascimento de uma arquitetura carente de significado, enquanto na arquitetura vitoriana se teria chegado à impotência do significado. Nesse momento, na verdade, a linguagem torna-se independente, tenta ser portadora de seu próprio significado e, como na literatura, cresce "sem ponto de partida, sem fim e sem promessa".

Por um momento, na primeira parte do século XX, parece que se tenta recuperar essa função universal da linguagem; é uma linguagem nascida nas artes plásticas, mas, não obstante, aparece unificada com o que se sonha como ordem universal. As qualidades de uniformidade, simplicidade, anonimato, redução total da expressividade individual, estão tanto na base do ideal social como na da linguagem da arquitetura. Porém, o intervalo não durará muito: destruída a esperança na construção desse mundo ideal, destruiu-se, uma vez mais, a íntima unidade da linguagem. O fragmentarismo, a colagem; o extremo formalismo da linguagem que experimenta consigo mesma; o rigorismo do objeto "mudo" diante da apelação às infinitas memórias: sem êxito, o signo luta para recuperar significado,

---

7   M. Tafuri [1980], *La Esfera y el Laberinto*, Barcelona: Gustavo Gili, 1984, p. 51.

apanhando aqui e ali fragmentos esquecidos. Porém nada disso parece detê-lo em sua proliferação sem fim e sem promessa...

A análise da linguagem arquitetônica pode ser enfocada sob distintos pontos de vista: consideremos as perspectivas *morfológica, funcional* e a de seu *referente*.

Do ponto de vista *morfológico*, podem distinguir-se duas tipologias linguísticas básicas: uma que poderíamos chamar de *estrutural* e sua oposta, que chamaremos de *a-estrutural* ou de *superfície contínua*. A tipologia linguística estrutural é própria da arquitetura europeia durante quase toda sua história, salvo, talvez, certos momentos do barroco, até o advento do racionalismo. É uma linguagem que destaca – ou produz diretamente – a estruturação do espaço, cumprindo ou não suas funções de destacar elementos construtivos, ou mesmo quando, como no maneirismo, contradiga as funções lógicas dos elementos construtivos: pois mesmo nesse caso cumpre com a tarefa de ordenar e dividir o espaço. Já comentamos a criação de uma ordem espacial por Brunelleschi, ordem na qual a linguagem desempenhou papel fundamental.

Uma tipologia a-estrutural, pelo contrário, anula toda articulação e destrói toda referência a uma organização racional – construtiva – do espaço. O *horror vacui** substitui o ritmo ordenado das linhas de força e das superfícies de fechamento; a distinção entre o suporte e o suportado é negada, e a fantasia, liberada de toda constrição, abunda livremente. Tal é o caso da arquitetura bizantina e do chamado barroco hispano-americano.

Nas grandes construções religiosas da América espanhola do século XVIII – e em muitos casos também na luso-americana – o uso dessa tipologia linguística foi determinante para o significado das obras. Sem produzir intervenções estruturais em um tipo – quase se poderia dizer um protótipo – de organização espacial e estrutural, que se manteve sem maiores variações através do tempo e do espaço, transformou-se o significado do espaço. A nave única coberta com abóbada de meio ponto ou com estruturas de madeira, o cruzeiro coberto com cúpula, a planta em cruz latina pouco registrada, a articulação

---

*   Literalmente, horror a espaços vazios (N. da T.).

da nave em segmentos apenas insinuados, foram as características da composição espacial; o pórtico demarcado por duas torres constituiu, por sua vez, o modelo exterior. No entanto, essa concepção espacial, infinitamente repetida, foi tratada em cada caso com tal variedade de recursos que, dificilmente, dois exemplos poderiam ser confundidos entre si. Basta pensar na igreja de Santo Domingo de Puebla, ou na igreja de El Sagrario de Quito, ou na igreja de São Francisco de Lima ou em Santa Maria Tonantzintla, na igreja da Companhia de Córdoba ou na de Arequipa, para perceber as mudanças de significado, as fortes caracterizações culturais, as referências históricas e regionais que se desprendem da observação – ou do impacto – dos tratamentos das superfícies.

A elaboração dos conceitos espaciais, que desempenha um papel fundamental para a compreensão da arquitetura europeia, perde aqui seu valor no que se refere à sua estrutura, para centrar-se exclusivamente em um tratamento que, à diferença do europeu, não nasceu junto com a estrutura, nem sequer é dela derivado indiretamente, mas que é o único recurso de que o artífice local dispõe para expressar-se frente a uma estrutura que, por razões técnicas, institucionais ou culturais, não está em condições de questionar ou de interpretar com liberdade, e por isso nem sequer tenta elaborar novas versões a partir dela.

A tipologia original passa, assim, de um conceito espacial, significativo em si mesmo, a um mero suporte para a nova expressão, uma espécie de contêiner neutro, com uma neutralidade devida à sua repetição não questionada, aceita como dado "natural" que, não obstante, indica os limites da dominação cultural e as estreitas margens do possível questionamento.

Modernamente, essa tipologia linguística voltou a ser utilizada em uma infrutífera tentativa de obter uma expressão nacional na arquitetura moderna mexicana, no prédio da biblioteca da Cidade Universitária do México: um volume corbusiano revestido em todas as suas fachadas com uma superfície decorada contínua. No modelo original não existia articulação alguma nos planos que limitavam o volume, porém ele próprio respondia às condição de abstração que caracterizou a arquitetura racionalista. A transformação desse volume puro em um afresco múltiplo não conseguiu apagar seu caráter original, pois, à diferença do que ocorreu nas experiências anteriormente citadas, a linguagem não adquiriu suficiente densidade para transformar em profundidade o significado da obra.

É que essa tipologia linguística tinha, sem dúvida, uma raiz cultural e um significado como expressão de um modo de conceber o mundo, profundamente diferentes dos que correspondiam à mentalidade europeia e, seguramente, também diferentes daqueles do americano moderno, herdeiro bastante indireto das culturas indígenas. A linguagem estrutural representa um pensamento manejado com métodos racionais, que tende ao analítico e, portanto, a articular e distinguir mais que unificar indiscriminadamente. O pensamento das culturas indígenas manejava diferentes métodos de articulação e análise, com sua própria racionalidade, certamente incompatível com a europeia. Essa unidade inclusiva, esse grande afresco do mundo, no qual cabem igualmente o sublime e o monstruoso, o sagrado e o cotidiano, o usual e o exótico – e não classificado, como no mundo das catedrais góticas, mas mesclados e imbricados entre si – foi talvez uma expressão daqueles séculos nos quais a cultura local entrava em contato – ou, melhor dizendo, em colisão – com a cultura europeia. Dois modos de pensamento, dois modos de conceber o mundo, a sociedade e o lugar do ser humano entre eles confluíam nesses monumentos sagrados para uns e para outros, porém de uma maneira nova refletida no sincretismo do novo culto, assim como no sincretismo do resultado arquitetônico.

Contudo, não se pode deixar de considerar a particular situação da cultura espanhola que, durante vários anos, conseguiu reunir em uma complexa unidade os modos expressivos do mundo árabe e do cristianismo, e que conservou essa admirável capacidade de passar sem fraturas de um universo cultural ao outro, de uma linguagem artística à outra, até pouco tempo depois do descobrimento das terras americanas. A herança da arquitetura espanhola, portanto, não parece ter sido incompatível com as condições apresentadas pela nova circunstância.

Ocorreu também, pelo contrário, que uma tipologia estrutural substituiu uma tipologia a-estrutural: é a linguagem que, ao longo da segunda metade do século XIX, estendeu-se por

128 O INTERIOR DA HISTÓRIA: CONCEITOS INSTRUMENTAIS

toda a Argentina, na arquitetura doméstica tanto urbana como rural, deslocando a imagem do mundo colonial, e ao que foi chamado de "arquitetura italianizante"[8]. O termo "italianizante" era aplicado na Inglaterra à arquitetura derivada do Renascimento italiano, utilizada principalmente em palácios e vilas[9], porém aqui a derivação é muito mais distante. Como já foi dito, é a obra do "geômetra", e trata-se de umas formas simples, nas quais as fórmulas do classicismo italiano se reduzem ao ritmo que as pilastras marcam nas paredes, enquanto um plinto e um entablamento simplificados reconstroem, não muito bem, as proporções das ordens clássicas. Assim, as fachadas características do período da dominação hispânica, de derivação árabe, concentravam a maior expressividade decorativa no acesso, deixando o restante do fechamento como parede cega ou com aberturas, mas sem uma articulação sistemática. A variação na qualidade de soluções "italinizantes" é muito grande, pois dependia da perícia do artesão em cada caso. E é tanto à procedência desses artesãos como às características formais que essa denominação se refere.

Mais de uma vez as fachadas italianas são aplicadas a moradias já existentes, do tipo colonial, e o entablamento serve, então, para ocultar o telhado, além de introduzir o novo ritmo na parede. Porém aqui já convém analisar outro aspecto da questão: aquele dos referenciais da linguagem. Desse ponto de vista podem distinguir-se diversos tipos de linguagem: aquelas que possuem um referencial *histórico*, as que têm referenciais *naturalistas*, ou referenciais *tecnológico-construtivas*, ou ainda aquelas que evitam qualquer referencial, aderindo a uma origem puramente *geométrica* ou *abstrata*.

No caso do qual nos ocupamos, preferiu-se o referencial europeu da nova linguagem ao hispânico, no desejo de apagar as pistas do passado imediato. Pela mesma razão, destruiu-se a quase totalidade das galerias que rodeavam as ruas de vilas e cidades na área de Corrientes (Argentina), substituindo os caminhos sombreados e acolhedores pela aridez das veredas desnudas, limitadas pelas novas fachadas "italianizantes". Para a correta interpretação de semelhantes ações, deve-se levar em

8   Ver, supra, p. 81.
9   Nikolaus Pevsner, *Historia de las Tipologías Arquitectónicas*, p. 8 e 250.

consideração que elasnão corresponderam a modificações da própria tipologia: a organização interior e as funções permaneciam inalteradas – como as condições climáticas, certamente. De tal modo que a escolha dessa linguagem respondia, sem dúvida, a uma questão de gosto, por sua vez, expressão de uma ideologia social de adesão ao novo e repúdio ao velho, que era lido com conotações de primitivismo, rusticidade e vestígios de colonialismo.

A referência histórica foi, portanto, foi a base para a denominação dessa arquitetura, que constitui algo assim como o pano de fundo da maioria das populações e cidades médias da Argentina, fundada especialmente na linguagem, embora logo houvesse de variar tanto a tipologia organizativa como a construtiva. Enquanto isso a linguagem será expressa nos mais diversos materiais, da alvenaria de tijolos ao adobe e às chapas.

Acima comentávamos a tentativa de alcançar uma arquitetura nacional mediante o uso de uma tipologia linguística a-estrutural, característica do passado americano; outras tentativas mais modernas, para os mesmos fins, recorreram a um referencial linguístico histórico, proveniente da arquitetura espanhola ou da indígena, que era enxertado no corpo de um edifício qualquer, com um procedimento típico do ecletismo do século XIX. O referencial histórico escolhido tinha vícios de origem, pois não correspondia a uma realidade histórica, isto é, a um passado real, mas a um passado mítico. Duplo "erro", portanto, que tornava impossível o sucesso do projeto: seguir uma metodologia de projeto bem europeia e recorrer a referenciais imaginários.

Na arquitetura americana, o signo com *referencial naturalista* aparece somente no ornamental, na decoração da arquitetura popular. Nela são introduzidos elementos da fauna e flora locais e ainda rostos e figuras humanas. Os exemplos são abundantes e variam desde a substituição da folhagem ou das figuras clássicas por exemplares locais à inclusão de rostos de anjinhos com características indígenas nos complexos traçados da decoração de cúpulas (Santo Domingo de Oaxaca, Santa Maria Tonantzintla), ou a aparição de espécies vegetais ou animais exóticos e desconhecidos, em lugar do monumento (San Lorenzo de Potosí). Contudo, não conhecemos exemplos nos quais o naturalista

Togo Diaz, Casa Juárez Dover (croquis do autor).

Rogelio Salmona, Torres El Parque, Bogotá (desenho do autor).

132 O INTERIOR DA HISTÓRIA: CONCEITOS INSTRUMENTAIS

alcance os elementos formais básicos do sistema – colunas, vigas, coberturas etc. – como ocorreu em algumas das variedades do art nouveau ou do barroco tardio europeu.

Em relação à *referência técnico-construtiva*, poderíamos distinguir duas modalidades: a busca de uma imagem tecnológica e a constituição de uma linguagem direta ou indiretamente derivada das técnicas construtivas dos materiais. Esta última tem um grande desenvolvimento nos países industrializados com relação às tecnologias mais modernas, enquanto nos países periféricos, ao tentar tal tipo de referência, quase que irremediavelmente se cai na busca da imagem tecnológica, já comentada em um capítulo anterior[10]. Pelo contrário, é do maior interesse a tendência que toma como referência, nesses países, as tecnologias e materiais tradicionais, especialmente o tijolo e a madeira.

A arquitetura de tijolos alcançou um nível de excelência plástica notável em vários países: basta citar a arquitetura de Bogotá, em especial Rogelio Salmona e, em Córdoba, José Ignácio Diaz. Para esses arquitetos, o tijolo é a base de uma linguagem na qual têm papel preponderante os volumes articulados, as luzes e sombras, como também as superfícies primorosamente trabalhadas e as arestas demarcadas. A relação dessa linguagem com as características construtivas e portantes do tijolo não é direta porque, na realidade, o material é usado tanto nessas funções como nas de material de fechamento e ainda de revestimento. De qualquer forma, a referência à construção artesanal tradicional está presente e a linguagem criou um importante impacto na paisagem urbana. Seus valores fundamentais estão, a nosso ver, em sua funcionalidade – facilidade de manutenção e boas condições de isolamento – e em sua referência a condições da cultura local, evitando assim o perigoso caminho da linguagem autônoma e seus solipsismos, e as referências a linguagens estranhas.

Ao falar de tijolos, não se pode esquecer o uruguaio Eladio Dieste, pioneiro no uso imaginativo desse material, tanto em seus aspectos estruturais como formais. De sua obra e de suas pesquisas brota uma revalorização desse material, que teve importante eco em nossos países.

10   Ver, supra, p. 119,

Embora no mundo pré-hispânico a *geometria* pura tenha desempenhado um importante papel na arquitetura, a partir da colonização esse papel parece ter se evaporado. Se as formas geométricas são utilizadas no presente não é como consequência de uma preocupação purista, mas como referência aos modelos do movimento moderno e seus derivados. Os paralelepípedos não significam mais paralelepípedos, mas blocos racionalistas ou mais especificamente miesianos ou corbusianos, e constituem assim um referencial histórico e não abstrato. Em algum caso (torre em Buenos Aires) já se quis recuperar a relação com a geometria, mediante o desenho de uma pura forma cilíndrica, sem antecedentes no racionalismo. Porém o resultado não alcançou a força que era esperada de semelhante desafio e permaneceu mais como um capricho formal, exibindo sua pobreza expressiva.

Do ponto de vista *funcional* a linguagem pode ser utilizada como instrumento de *pensamento* ou como instrumento de *comunicação*, funções para as quais são exigidas qualidades que nem sempre coincidem entre si.

O pensamento, seja filosófico ou artístico, é elaborado mediante a linguagem específica de cada campo, linguagem que, como todo instrumento, está intrinsecamente relacionada com as finalidades do pensador e, por sua vez, qualifica os resultados do processo. Se não quiser "ser falado" pela linguagem, o pensador deverá tomar consciência dessa linguagem, selecioná-la e modelá-la de acordo com seus objetivos. Isso lhe permitirá atingir uma coerência íntima em seu pensamento que, de outro modo, flutuaria entre suas intenções e as deformações que uma linguagem elaborada para outros fins, certamente, imporia às suas ideias. Em seu devido momento, a linguagem instrumento de pensamento será a linguagem concretizada na obra, cujo processo de gestação terá contribuído para definir, enquanto terá definido a si mesmo, no processo de ajuste entre objetivos e instrumentos.

Assim, as qualidades necessárias para a linguagem como instrumento do pensador dependerá rigorosamente de suas finalidades. Essas podem exigir um instrumento flexível ou rígido, estritamente racional ou pleno de valores intuitivos, carregado de significados ou livre de referências históricas, sociais, literárias etc.; uma linguagem erudita ou elementar, rude ou delicada... as variedades possíveis são inesgotáveis, como é a diversidade de orientações do espírito criador.

O exame de um caso histórico poderá esclarecer melhor o tema: os mestres do movimento moderno, tanto os ocidentais como os construtivistas russos, se propunham a criar uma nova arquitetura para uma nova sociedade. Tinham fé no progresso técnico, admiravam a máquina e seus produtos, acreditavam na possibilidade de uma organização racional da sociedade. E acreditavam, certamente, na importância fundamental de um novo entorno, inédito, livre de estruturas do passado ou de nostalgias do ambiente decadente das cidades existentes. Com a necessidade de pensar ideias novas, quiseram trabalhar com um instrumento criado ex-novo, e uma linguagem que pretendia ser de "grau zero", virgem de significados, de alusões e virgem também de convicções sintáticas estabelecidas. Tudo estava por fazer no entorno e tudo – ou quase tudo – estava por fazer também na linguagem. Seriam tomados apenas elementos básicos das artes plásticas – o plano, as transparências, a ruptura da perspectiva renascentista, o forte grau de abstração – os quais ainda não tinham conotação alguma no mundo da arquitetura ou da cidade, e a eles seriam acrescidas as qualidades necessárias para aludir à produção mecânica: precisão, simplicidade, desaparecimento do ornamento – que sempre remete à produção artesanal, mesmo quando produzido à máquina.

A carga ideológica que poderia ter vindo das artes plásticas era suficientemente difusa, por ser menos específica, para poder considerar a linguagem adotada como de "grau zero" de significado, apta para ser impregnada com a própria ideologia. Já se sabe – Reyner Banham o demonstrou perfeitamente em seu livro *Theory and Design in the First Machine Age** – que a arquitetura resultante desses esforços não foi exatamente uma arquitetura produzida mecanicamente, não foi um produto genuinamente industrial, mas uma *imagem* da produtividade mecânica. De qualquer forma, continua vigente a intenção, e clara a escolha e a utilização de uma linguagem apropriada para revelá-la.

---

* Trad. bras.: *Teoria e Projeto na Primeira Era da Máquina*, 3. ed., São Paulo: Perspectiva, 2003 (N. do E.)

Pois bem, a linguagem como instrumento de comunicação requer uma cota de redundância que sirva de base ao receptor para entender a quantidade de informação que lhe é proposta. Sabe-se que uma mensagem composta exclusivamente de informação dificilmente é compreensível. Assim, a escolha de uma linguagem "grau zero" (ou aspirando ao grau zero), embora possa ser útil como instrumento de pensamento, seguramente mostra-se negativa como instrumento de comunicação. Isso ficou comprovado historicamente com os primeiros produtos do movimento moderno, que foram rejeitados por seus destinatários ao serem lidos de forma equivocada, pelo fato de não se estabelecer a necessária comunicação entre propostas de vida e habitante. Somente alguns clientes mais instruídos, na realidade parte da elite que elaborava a nova mensagem, puderam concordar com os significados propostos[11]. Posteriormente, como era inevitável, o desenvolvimento histórico foi depositando sua carga significativa na linguagem "racionalista"; porém, as qualidades dessa linguagem, esse "grau zero" do ponto de partida, foram uma das principais causas de que o significado adquirido não alcançasse suficiente riqueza de definições. De fato, o significado daquelas primeiras formas se manteve em alto grau de generalidade. Modernidade, eficiência, alta tecnologia, essa é a mensagem transmitida pelos grandes edifícios miesianos, por exemplo, sejam eles habitações, escritórios particulares, instituições públicas etc. Esses edifícios dependem de uma série de adjetivações para alcançar uma definição maior: o grau de riqueza e de perfeição dos materiais empregados, a zona em que estão situados, o modo de ocupação do lugar e, ainda, as obras de arte que o acompanham são necessários para sua leitura, que não é expressa nem por sua linguagem nem por sua morfologia geral.

O reconhecimento das falhas dessa linguagem é, precisamente, um dos fatores das críticas ao movimento moderno. Uma das vias de saída proposta nos últimos anos, isto é, a recorrência a linguagens tomadas das arquiteturas históricas,

---

11 Verdadeiros "convertidos", como os Jaoul, concordaram inclusive em modificar seus modos de vida de acordo com a ideologia do arquiteto; um exemplo do tipo de cliente capaz de compreender profundamente a mensagem da nova arquitetura.

nem sempre implica, todavia, um regresso ao uso significativo do material linguístico. Pelo contrário, as citações históricas, com sua fragmentação de elementos, sua distorção da sintaxe e sua reelaboração morfológica, têm como intenção precisamente alcançar, com as linguagens de origem histórica, uma escrita "grau zero", esvaziá-la de sua carga ideológica mediante essas manipulações e, então, propor formas tranquilizadoras, em parte por serem parcialmente reconhecíveis mas separadas de seus respectivos contextos e, portanto, privadas da carga histórica acumulada.

Em outros casos, por outro lado, as citações históricas, funcionando quase como alusões literárias, pretendem incorporar valores que, em alguma medida, resistam à alienação de um presente sem raízes. Contudo, essa mesma profusão de alusões em vaga *mélange** subtrai significado específico a cada uma delas, deixando apenas certo "perfume" histórico indefinido, mais nostálgico do que verdadeiramente construtivo.

Essas experiências inscrevem-se no marco das intenções de utilizar a linguagem como instrumento crítico: pois a linguagem, como instrumento de pensamento, de criação ou reflexão arquitetônica, assumiu, muitas vezes, na história, um papel crítico, de questionamento à tradição recebida. Bem característica do mundo moderno, essa atitude apresenta picos agudos no período maneirista – quando o questionamento alcança a própria essência dos elementos do sistema e de sua sintaxe –, depois na negação da linguagem por parte de Piranesi e mais adiante de Durand, ou em experiências recentes, como acabamos de comentar. O já mencionado historicismo, a independência da linguagem com relação ao corpo arquitetônico, proposto por Venturi, ou a despreocupada "contaminação" da linguagem de Charles Moore, ou a voluntariosa autoanálise da linguagem de Peter Eisenman, ou a busca da neutralização histórica dos protótipos linguísticos de Aldo Rossi, são outros tantos exemplos de uso semelhante da linguagem. O juízo sobre o valor comunicacional da linguagem arquitetônica move-se em um terreno de pura intuição, pois enfrenta o problema de ainda não terem sido criadas técnicas para detectá-lo. O valioso

---

*   Mistura (N. da T.).

Michael Graves, Edifício para a Humana Corporation, Louisville, 1984.

estudo de Juan Pablo Bonta sobre as interpretações do Pavilhão de Barcelona[12] ou de Maria Luisa Scalvini, sobre a historiografia do movimento moderno[13] indicam caminhos possíveis, porém apenas no terreno dos observadores especializados, o que, embora expresse uma visão de época, não representa o modo de recepção da mensagem pelo indivíduo comum. E isso só por defeito conhecemos explicitamente: quando o usuário rejeita ou "corrige" a arquitetura que recebeu, sabemos que a comunicação fracassou. Porém, continuamos ignorando o que é que a arquitetura lhe comunica, além da mensagem elementar do funcional ou do gosto corrente. Uma das maiores dificuldades nesse processo de comunicação é o fato de que a arquitetura participa da condição de obra de arte que, se for inovadora, deverá criar seu próprio público: não existe público que entenda Picasso antes de Picasso, assim como não houve quem entendesse Gropius ou Corbusier antes de Gropius ou de Corbusier. Só que estes últimos necessitavam que as pessoas aceitassem suas casas, enquanto Picasso necessitava apenas que algum marchand iluminado aceitasse suas obras: poderia, então, esperar que se formasse seu público.

A comunicação se estabelece sem tropeços quando certas convenções são estabilizadas – ao fim e ao cabo, toda linguagem não é senão um sistema de convenções –, como no século passado, quando se sabia que um edifício românico era uma prisão e um edifício gótico, certamente, uma igreja. Fica claro que um edifício clássico não poderia ser um banco ou um parlamento, porém alguns signos secundários auxiliavam a fazer a distinção. Em último caso, um edifício público se diferenciava muito bem de um privado ou de um estabelecimento industrial ou comercial[14].

Contudo, o que acontece quando se utiliza uma linguagem já elaborada, quando não é empregada como instrumento

---

12 Cf. *Sistemas de Significación en Arquitectura: Un Estudio de la Arquitectura y su Interpretación.*

13 M. L. Scalvini; M. G. Sandri, *L'immagine storiografica dell'architettura contemporanea da Platz a Giedion.*

14 Eis aqui um caso curioso e revelador: passando por uma pequena cidade dos Estados Unidos, perguntei a uma mulher onde ficava o correio, a que ela me respondeu: "Logo na curva, em um edifício que parece um correio" (a building that looks like a post office), e efetivamente o edifício era inconfundível.

LINGUAGEM

de pensamento, quando chega às mãos do arquiteto completamente definida em todos os seus termos? Pode-se aqui recordar a relação entre reflexão e práxis, já abordada em um capítulo anterior[15] e de como, ao separar-se da realidade na qual se originara, a reflexão perde suas raízes e se transforma em um esquema vazio. Algo análogo acontece com a linguagem quando é transportada de forma autônoma de um meio cultural a outro: perdida sua íntima razão de ser, converte-se em um clichê, ou, no melhor dos casos, em um *ready made* que o novo operador utilizará para efetuar uma bricolagem, com mais ou menos imaginação, mais ou menos coerência. Um caso limite nesse processo é constituído por aquilo que Tafuri chama de linguagem "muda" de Aldo Rossi: essa extrema purificação, esse despojamento extremo de significados e adjetivações, ao entrar em um circuito do consumo de imagens, converte-se em um clichê desprovido não de significados, mas de sentido. Por não ser o resultado de uma operação sistemática de eliminação de casos curiosos e destilação de memórias, fica reduzida a uma imagem da moda, e é nesse caráter que a vemos proliferar pelo mundo.

A análise dessas duas operações: a de *pensar* a arquitetura e a de *comunicá-la*, para as quais a linguagem é o instrumento capital, pode iluminar os resultados do trabalho arquitetônico nos países de nossa América. Em várias ocasiões tentou-se a criação de uma arquitetura nacional, confiando-a primordialmente à linguagem; porém a intenção de comunicar um conteúdo nacional próprio não tem sido suficientemente esclarecida em sua origem, ou tem sido equivocadamente apreciada, e se utilizou uma linguagem espúria, aplicando-a a um organismo em cuja formação não houvera intervenção (é o caso dos neocolonialismos). A intenção contrária, isto é, a de aderir às correntes internacionais da arquitetura, mais de uma vez também se deteve em aspectos puramente comunicativos, pretendendo que a linguagem assumisse, por si só, a função de construir uma arquitetura "moderna"; o resultado não poderia ser senão mais uma versão do ecletismo, com um organismo tradicional revestido de linguagem "moderna".

15   Ver, supra p. 39-46.

140 O INTERIOR DA HISTÓRIA: CONCEITOS INSTRUMENTAIS

É que a linguagem, em sua função comunicativa, pode ser facilmente confundida com a mera utilização de imagens, e essa confusão, pode-se dizer, é natural no mundo atual, onde é indiscutível o nítido predomínio da imagem sobre todos os outros meios de comunicação. Esse excesso de comunicação visual cega o observador em relação aos conteúdos, pois a imagem chega a valer como a totalidade daquilo que se está comunicando por seu intermédio. A arquitetura é conhecida primordialmente através de imagens: fotografias e diapositivos são difundidos em livros, revistas, exposições, galerias de arte, museus, uma versão bidimensional ideal, que substitui o objeto real mesmo na memória de quem o visitou. A "imagem da cidade" chega a substituir sua estrutura vital. Cria-se um jogo equivocado entre a imagem real, ligada a uma estrutura viva, e a imagem reproduzida, falseada pela fragmentação ou pela habilidade do fotógrafo. E mais, como já foi comentado, o arquiteto, desejoso de publicidade, pode chegar a forçar seu projeto para tornar sua arquitetura mais "fotogênica", e o historiador, por sua vez, pode cair na armadilha de sucumbir à primazia da imagem ao estudar uma obra. Certamente existe esse tipo de historiador ou crítico que constrói seu objeto de estudo exclusivamente com base em imagens, como é o caso de Charles Jencks.

Porém, um aspecto talvez ainda mais negativo da questão é o fato de que certas tendências da arquitetura atual, que possuem valores profundos, muito além da experimentação linguística – mas que por isso mesmo não cultivam uma imagem especialmente atrativa –, não conseguem a difusão e a "popularidade" que merecem. Tornou-se muito mais simples ler imagens do que ideias, e isso redunda em prejuízo do desenvolvimento do pensamento autônomo fora dos países centrais.

É que no curso de várias décadas do século xx, produziu-se um fenômeno particular na arquitetura, descrito por César Naselli como uma "sequência ou progressão no caminho de conceber a área envoltória como uma entidade desmembrada do objeto arquitetônico"[16]. As etapas assinaladas por Naselli são: em primeiro lugar, a *independência tecnológica* colocada por

16 *La Figuración de la Envolvente en la Arquitectura*, Córdoba: Ed. Facultad de Arquitectura y Urbanismo, 1982, p. 77-78.

LINGUAGEM

Le Corbusier na Villa Savoye e em outras obras do período; na sequência, a *independência figurativa*, quando o movimento neo-plástico propõe sua separação com relação ao papel configurador do vazio interno; mais adiante, Le Corbusier e Kahn conseguem a *independência entre o espaço interno e o externo;* com o recorte maneirista da pele externa (Eisenman, Meier etc.) chega-se à *independência da matéria concreta;* com a ondulação, o desgarramento, as superfícies como de papel maleável, conforma-se a *independência do plano* reto e quadrangular (Isozaki); e finalmente, "a sequência parece terminar com a *ruptura* e dissolução do envoltório externo, sua ruína e separação do objeto edificado, ao qual não configura, nem envolve (Showroom de Produtos Best, projeto do grupo SITE)"[17].

Não é de estranhar, em semelhante situação, que a pura imagem tome o lugar da linguagem estruturada e estruturante. Nessas circunstâncias, o perigo que espreita a arquitetura é o do consumo indiscriminado de imagens. A transmissão de uma linguagem pode dar lugar, por meio de sua apreensão, à reflexão e à sucessiva adaptação a novos fins, produzindo, assim, um desenvolvimento coerente das formas; já a transmissão de imagens produz sua mera repetição, indiferente a origens e funções, e com ela seu rápido consumo e a necessidade de permanente renovação. Toda essa operação poderia ser denominada como um *styling* arquitetônico, uma mudança nas formas que não provém de causas orgânicas, mas dos mecanismos de consumo. Tanto mais grave é o perigo nos países periféricos, que sucumbem ao consumo de imagens com a maior facilidade dentro do quadro da dependência cultural, bloqueando o caminho para a produção de imagens próprias, por efêmeras que possam ser.

Essa tendência de tornar-se independente da área envoltória não representa, certamente, a totalidade do panorama mundial. Junto a esse tipo de experiência, como já se disse, aparecem outras tendências, sem dúvida, menos espetaculares e, certamente, menos fotogênicas. Já se comentou o destino paradoxal das ideias de Aldo Rossi, que afirma, precisamente, a unidade essencial do tipo arquitetônico na qual não cabem casos

17 Idem, p. 77.

142 O INTERIOR DA HISTÓRIA: CONCEITOS INSTRUMENTAIS

nem divisões; os diversos seguidores do novo neoclassicismo pensam também em uma arquitetura intimamente inseparável, tanto no linguístico quanto nas estruturas formais fundamentais. Há, no entanto, outros projetos que podem abrir panoramas mais positivos que o daqueles discursos "sem projeto e sem promessas". Hertzberger, Fathy, De Carlo, Kroll, Erskine traçam outras tantas linhas nas quais o tema da linguagem é abordado como instrumento de pensamento, integrando concepções globais da arquitetura em suas funções sociais e culturais. Em nossos países também é possível observar ambas as linhas: a da reprodução ou cultivo da imagem e a da busca de uma arquitetura eloquente em sua íntima coerência.

A partir dessas reflexões, ocorre-me ser possível tentar uma organização de todas as arquiteturas, com base na função da linguagem, ou mais apropriadamente da escrita, em arquiteturas do silêncio e arquiteturas da palavra.

Entre as *arquiteturas do silêncio,* em primeiro lugar, está aquela em que o silêncio é provocado pela escrita reduzida apenas a uma sombra sem matéria, transparente pelo quase total desaparecimento da palavra, que deixa desnudo o puro conteúdo, em um nível de exasperada abstração. O *classicismo* considerado como a essência da arquitetura, extraído da história e despojado de significado, é um dos recursos possíveis. O manejo abstrato da *tipologia*, à maneira de Aldo Rossi, é outro modo de desencarnar a arquitetura, evitando sua contaminação com a desordem da vida. O silêncio, em ambos os casos, é causado pela anulação da escrita ou por sua total transparência e pela conseguinte negação da historicidade, isto é, da existencialidade da arquitetura. Para Gianni Vattimo, esse silêncio é parte de um comportamento com o qual os artistas acompanham a morte da arte por obra dos meios de comunicação:

manifesta-se como uma espécie de suicídio de protesto contra o *kitsch* e a cultura de massas manipulada, contra a estetização da existência em um baixo nível [...] a arte autêntica renega todo elemento de deleite imediato na obra [...] ao rejeitar a comunicação e ao decidir-se pelo simples e puro silêncio[18].

18 *El Fin de la Modernidad,* p. 53.

Aldo Rossi, Cemitério de Módena.

(A negação à comunicação é também observada na forma de apresentar projetos de certos arquitetos, reunidos mais ou menos arbitrariamente sob o nome de "deconstrutivistas", desenhos e colagens cujo hermetismo torna impossível uma leitura direta.)

No extremo oposto (o da verborragia), o silêncio é produzido pela *autonomia da escrita*[19], por uma escrita que abandona todo valor semântico e, em um puro jogo sintático, gira ao redor de si mesma, separando-se de todo referencial real (função, entorno, tecnologia etc.). Aqui, a escrita desconhece ou nega os significados, e o aparente ruído que produz oculta uma não realidade, um silêncio muito mais profundo que o anterior, porque nada existe por trás dele. Trata-se de operações que parecem ter como finalidade colocar em discussão sua própria condição, com base na "autoironia" da própria operação artística, a uma poética da citação[20], como mais um dos recursos do citado "suicídio de protesto".

Há ainda outra forma de silêncio, que já não se refere à escrita ou à realidade expressa através dela, mas à efetiva intervenção na construção do entorno: a arquitetura desenhada, o puro exercício do desenho arquitetônico como meio de reflexão sobre si mesmo. Sem dúvida, nesse caso, a escrita tem sentido, não se nega sua dimensão semântica, embora prescinda de todo referencial ou tenha com ele uma relação mais que ambígua; porém, ao renunciar à possibilidade de intervir no entorno, produz-se uma forma de silêncio que poderíamos qualificar como *silêncio social*.

Para entender o caráter das respostas que essas tendências possam ter tido na América Latina, deve-se tomar em consideração certas atitudes básicas diante da realidade, da vida e da morte. Não é essa a ocasião, nem tenho a autoridade para tratar desses temas em profundidade, contudo há alguns sinais que permitem arriscar certas hipóteses: o caráter da grande literatura latino-americana, o realismo mágico que mostra um sentido de apego a uma realidade vital, tão vital que excede seus próprios limites; a festiva concepção da morte em muitos

---

19 Cf. Roland Barthes, *El Grado Cero de la Escritura*, Buenos Aires: Siglo XXI, 1973. (Trad. bras.: *O Grau Zero da Escrita*, São Paulo: Martins Fontes-WMF, 2004.)

20 G. Vattimo, op. cit., p. 51.

países, entre os quais o México é exemplo notável; a desordenada vitalidade da tradicional cultura popular brasileira; a sempre renovada intenção de construir e traçar projetos de futuro em uma realidade que parecia inclinar-se para a desesperança etc.

Tudo isso, e muito mais, permitiria interpretar a incompreensão da proposta de Rossi – incompreensão que não tem coerência com a extraordinária popularidade de sua pessoa – como uma rejeição à ideia da morte, do suicídio, da negação da vida. Em nossos países, o que se adota de Rossi são alguns signos exteriores, pequenos elementos linguísticos superficiais, facilmente repetíveis e identificáveis, que não trazem o significado de sua arquitetura. Contudo, em geral, permanece desconhecida a busca de fundo, o ato de desnudar os profundos conteúdos, a supressão do vital e o imprevisto para manter uma arquitetura essencial, atemporal[21].

Algo semelhante ocorre com o neoclassicismo, que não teve, nesses países, o alcance universal e difundido ao longo dos séculos, como nos países europeus. Sua presença se limita aos finais do século XVIII e início do século XIX – além disso, durante o período, pouco se construiu na maioria dos países devido às convulsões políticas –, para passar a ser logo um modelo mais inserido no elenco do século XIX, mas rapidamente deixado de lado ao final desse século com o auge do ecletismo historicista. De modo que dificilmente poderia converter-se em uma escrita totalmente transparente, ou considerar-se uma arquitetura "essencial", ou representativa dos desejos e dos hábitos da gente comum, como interpretam alguns arquitetos europeus de esquerda. O que reapareceu, seguindo as tendências internacionais, é o modo acadêmico de projeto, retomando uma tradição educativa local, que, até o início da década de 1940, seguiu as pautas da Académie de Beaux Arts.

Por outro lado, a autonomia da escrita, a crescente opacidade de uma escrita que multiplica interminavelmente seus próprios jogos, encontrou eco, talvez porque não seja fácil perceber sua terrível vacuidade. Com sua verborragia, aparenta uma forte vitalidade e parece estar dizendo algo importante. Porém é

---

21 No trabalho do argentino Tony Díaz pode-se perceber uma tentativa de aproximação com o tema.

pura miragem. Ao perder contato com a realidade cultural em um sentido global, ao permanecer no plano unidimensional do consumo de imagens, é também uma arquitetura do silêncio, um silêncio perigoso por sua intrínseca falsidade. Nesta sociedade do consumo e da comunicação, que se alimenta de imagens mais do que de realidades, esse tipo de arquitetura, geralmente fotogênica, prolifera na América Latina, em distintos níveis de qualidade, que vão desde sábios jogos sintáticos a torpes imitações ou formalismos ingênuos[22].

Dificilmente a variante historicista dessa linha poderá ocorrer no sofisticado nível em que aparece em arquitetos como Robert Stern, Robert Venturi, James Stirling, uma vez que não existiu uma tradição acadêmica historicista suficientemente forte para que o manejo dos elementos linguísticos possa converter-se em um jogo divertido ou um torneio de habilidades tanto para arquitetos como para os leitores da arquitetura. De modo que, em geral, nos encontramos com alusões bastante óbvias, que não alcançam o nível de uma ironia capaz de pôr em discussão o próprio sistema, operação à qual fiz referência mais acima.

Quanto à variante populista, isto é, a uma escrita que tome seus elementos de uma forma precária de construir (Frank Gehry, Lucien Kroll), simulando uma arquitetura espontânea, transitória, mediante a colagem e o uso de materiais ocasionais, acontece que o panorama dos assentamentos marginais das cidades latino-americanas é bastante desolador para que possa ser tomado com ironia ou leveza seu dom de resolver os problemas habitacionais, para mascarar cômodas habitações burguesas. Diferente é o sentido de "bricolagem" praticado por alguns arquitetos latino-americanos (caso do argentino Mederico Faivre) que, através da utilização sem preconceito dos materiais e partes de sistemas que possam ser acessíveis a usuários de baixíssimos recursos, conseguem fazer uma arquitetura que atenda às suas exigências, alcançando, às vezes, excelentes resultados plásticos e espaciais.

---

22   Poucas vezes, como nos Centros Culturais realizados por Miguel Angel Roca, em Córdoba, revitalizando velhos mercados, essa escrita tem uma finalidade positiva: a de estimular o caráter lúdico do espaço, com o que se salva de cair na vacuidade do falso silêncio.

Tanto a bricolagem como as distintas formas do ecletismo não são senão expressões do *fragmentarismo* que, ao colocar em evidência a desconfiança em relação às unidades fechadas e concluídas, parece expressar a definitiva perda dos modelos. O fragmentarismo abarca tanto os modos de manipulação da linguagem como os modos de composição, aos quais se justapõem fragmentos de tipos arquitetônicos diversos (Stirling no Museu de Stuttgart ou no Centro de Ciências de Berlim) e amplia-se a ideia da cidade. Contudo, a ideia de uma cidade-colagem (Colin Rowe) como projeto mostra-se um tanto anacrônica na América Latina, uma vez que suas cidades foram se conformando, à maneira de colagens, ao longo de sua história; uma colagem não só de estilos arquitetônicos, como ocorre em cidades europeias, mas de tipos arquitetônicos, de volumes, cheios e vazios, e mais ainda, de fragmentos de tecidos urbanos, de tramas, de propostas urbanísticas truncadas. Parece lógico que, diante da ordem solidificada das antigas cidades europeias e do crescimento de subúrbios anônimos, apareça o desejo do curioso, do episódio urbano e já dotado de uma característica reconhecida. Porém, diante da desordem caótica de nossas cidades, o mais lógico é almejar por uma ordem relativa, pela composição de uma paisagem urbana compreensível e relativamente harmônica, pela repetição de tipos que ajudem a conformar um "fundo" (caso de Togo Diaz em Córdoba, Argentina). As substanciais diferenças na história da formação das cidades europeias e latino-americanas fazem com que muitas teorias, lá desenvolvidas para estruturação da cidade (por exemplo, as que se baseiam nas relações entre parcelamento, tipo arquitetônico, paisagem urbana), exijam uma profunda revisão caso se pretenda torná-las úteis para esses lugares.

É verdade que a desconfiança no planejamento acompanhou a destruição do modelo moderno e levou à sua substituição pelo desenho urbano como forma de intervenção parcial nas cidades. Porém, a constatação da inoperância dos grandes planos globais não implica necessariamente a técnica da colagem, isto é, a composição por justaposição de fragmentos. Nas intervenções intersticiais aproveitam-se os vazios urbanos, ou setores mais fracos do tecido, para introduzir elementos que contribuam para a melhoria da qualidade de vida urbana. Numerosos exemplos podem ser encontrados em cidades da América Latina, em particular, a formação de áreas de pedestres de intensa vida urbana, o tratamento paisagístico das margens de rios que atravessam a cidade ou, em uma operação de grande envergadura, a construção de um sistema de transporte subterrâneo acompanhado de um sistema de praças (Caracas), que modificou o modo de uso da cidade de maneira extremamente favorável.

Quando o discurso, longe de aspirar a uma autonomia autossuficiente ou abandonar toda possibilidade de comunicação refugiando-se no silêncio, toma como referenciais os vários elementos do organismo arquitetônico – a matéria, a tecnologia, os usos, a luz, o espaço etc. – pode surgir uma arquitetura que "fale" à cidade e a seus habitantes. É claro que essas *arquiteturas da palavra* são próprias de um mundo que não aceita nem o "suicídio" nem a morte da arquitetura, um mundo no qual o projeto ainda parece ter possibilidade de existência. O pluralismo, próprio da cultura pós-moderna, encorajou a existência dessas correntes que constituem uma tentativa de escapar das condições do sistema global. Como já se disse, não se trata de rebeldia ou críticas, mas de modos de agir que, consumada já a crítica, se separam dos caminhos marcados pela coerção do aparato da sociedade pós-moderna. Não é estranho, então, que tais correntes apareçam quase sempre em sociedades mais ou menos marginais aos grandes centros de poder (países europeus não centrais como Espanha, Holanda, Finlândia ou países do chamado Terceiro Mundo).

O regionalismo, mencionado anteriormente, é uma das direções em que se pode conseguir uma "arquitetura da palavra". É uma forma de aproximação à arquitetura que está longe de ser novidade, mas que cobra novos valores e significados na circunstância histórica atual. Trata-se de tentativas de consolidar – ou formular, se necessário – uma condição de identidade, com base na consideração de circunstâncias climático-ecológico-ambientais, tradições culturais, tecnológicas, urbanas etc. Assumida a crítica às carências na qualidade de vida produzida pela difusão do modelo moderno, procede-se a formular projetos, em lugar de recorrer à falsa opção linguística ou aos modelos do passado, buscando o desenvolvimento daqueles elementos existentes na cidade, ou na tradição arquitetônica, que mantêm um grau de vitalidade e vigência, e os torne suscetíveis de desenvolvimento para a concretização do novo projeto. Daí que o pitoresco ou o neovernacular sejam considerados formas espúrias que, por seu caráter nostálgico, não podem contribuir para a construção de uma identidade, processo eminentemente dinâmico.

Nessas arquiteturas da palavra, enfim, a escrita mantém o difícil equilíbrio entre um desenvolvimento eloquente e uma profunda relação com seu referencial; explora uma sintaxe, não como mero jogo e sim como meio de transmissão de alguns significados reais. E para isso utiliza palavras com as quais tenta compor um discurso projetual, palavras que não falam de si mesmas, mas de matéria, de luz, de ar, da cidade com sua história e seu futuro e, no possível, falam também das pessoas que as habitam, que se habituam a viver ou conviver com elas.

7. Significado

Para o historiador, como para o crítico, a pergunta pelo significado da arquitetura tem uma importância capital: pois o significado da arquitetura é a própria substância da história e seu conhecimento no objeto último do estudo histórico.

No caso da arquitetura latino-americana, esse conhecimento adquire particular relevância, se se quiser chegar a uma verdadeira compreensão da história, pois até agora, na maioria dos casos, a exploração dos significados manteve-se em interpretações generalizantes, que não penetram além da superfície dos fatos, ainda que essencialmente corretas – por exemplo, os temas da dependência cultural ou das desigualdades sociais e econômicas.

Nosso ponto de partida é válido sempre que concordemos que a função da historiografia reside fundamentalmente em *compreender* a história – não em acumular conhecimentos ou emitir juízos de aprovação ou condenação –, o que implica uma série de problemas. Pois, o que é que deve ser compreendido? As causas dos diversos fatos, o desenvolvimento dos processos, as organizações formais ou funcionais, os efeitos produzidos por uma ação arquitetônica...? Em resumo, o que é que constitui o significado da arquitetura?

O INTERIOR DA HISTÓRIA: CONCEITOS INSTRUMENTAIS

Desde o auge dos estudos semiológicos, foram muitas as tentativas de analisar a arquitetura do ponto de vista específico do significado, considerando a arquitetura como comunicação e as formas arquitetônicas como signos. Renato De Fusco é um dos estudiosos que mais de perto adere aos conceitos semiológicos: definindo o caráter peculiar da arquitetura como espaço interno, propõe a hipótese de que o signo arquitetônico está constituído por um significado, que é o referido espaço, e um significante, que é o espaço externo. Conclusão a que se chega, porque considera que o espaço interno

constitui o fim prático para o qual se constrói um edifício, porque é o espaço dentro do qual se vive, onde melhor se manifestam a função, a tipologia, as intenções de quem o edifica, os hábitos, a cultura, a história; em uma palavra, porque a partir de todos os pontos de vista [...] o espaço interno constitui a razão de ser da arquitetura[1].

Contudo, na mesma descrição que De Fusco faz do espaço interno e suas qualidades, descobre-se que o espaço está atuando, de fato, como um significante cujo significado seriam precisamente as funções, as intenções, os hábitos, a cultura, a história. Se o que se pretende é fazer uma analogia com a língua, na qual se reconheça como significante o suporte material (o som), e como significado aquilo que esse suporte comunica, no caso da arquitetura poderia ser reconhecido como suporte material, ou significante, o construído, enquanto o significado seria o que esse suporte comunica – ou propõe, no caso da arquitetura –, isto é, uma "ideologia do habitar"[2], se nos referimos ao espaço interno, e uma ideologia urbana, se nos referimos à sua presença externa, isto é, à relação do edifício com o entorno.

Por outro lado, seria possível encontrar mais de um exemplo no qual a carga significativa se concentra mais no exterior do que no espaço interno – ou pelo menos em medida similar – como pode ser os edifícios públicos das cidades medievais europeias, com suas torres que cumprem uma função simbólica e significativa muito mais forte que a de seus espaços internos; ou das grandes cúpulas renascentistas, que desempenham um

---

1   *Segni, storia e progetto dell'architettura*, Bari: Laterza, 1973, p. 98.

2   Umberto Eco, *La struttura assente*, p. 223. (Trad. bras.: p. 193.)

papel de similar importância, tanto na conformação do espaço interno quanto na presença de sua forma exterior; ou mesmo as atuais torres de escritórios, cujos interiores anônimos são revestidos com formas atrativas e materiais brilhantes, no afã de comunicar sua presença individual na paisagem anônima.

A reflexão da arquitetura como comunicação, que está na base das análises de De Fusco, foi rebatida especialmente por Cesare Brandi, que afirma que, embora a semiose seja uma atividade básica da consciência humana e a "semantização é, na realidade, a própria vida da consciência como conhecimento intelectual, desde suas origens mais obscuras"[3], junto ao processo de semiose há outro de criação, de "inserção no mundo". Assim Brandi distingue "semiose" de "presença" (*"astanza"*), e afirma, comparando a arquitetura com a linguagem, que "se a essência da linguagem está em comunicar, a essência da arquitetura não se revela na comunicação", pois somente transmite informação em via secundária[4]. ("Um capitel não tem o significado *de* capitel, é um capitel".)

Este não é o lugar para aprofundar o tema, pois não é nossa intenção trabalhar sobre uma interpretação semiológica da arquitetura, a não ser com um enfoque histórico-crítico; contudo, o uso de certos conceitos provenientes dessa ciência já é de uso corrente, mesmo se, às vezes, aproximativo ou talvez quase metafórico. De qualquer maneira, nossa interpretação de que o significante é o espaço construído é apoiada por vários autores. Citemos apenas A. J. Greimas:

o espaço não é senão um significante, existe apenas para ser aceito e significar outra coisa que o espaço, ou seja, o homem, que é o significado de todas as linguagens [...] o espaço pode ser considerado como uma forma capaz de erguer-se em uma linguagem espacial que permita "falar" de outra coisa além do espaço[5].

Parece bem evidente, em última análise, que a arquitetura não se organiza para comunicar algo, para transmitir uma

3 *Struttura e architettura*, p. 25.
4 Idem, p. 37.
5 Pour une sémiotique topologique, em autores vários, *Sémiotique de l'espace*, Paris: Denoël-Gonthier, 1979, p. 12.

154   O INTERIOR DA HISTÓRIA: CONCEITOS INSTRUMENTAIS

mensagem[6], o que pode ocorrer somente em uma segunda instância, como um valor agregado, por assim dizer, à intenção fundamental, que é a de fornecer um espaço para cumprir determinados fins. Porém esse ato, aparentemente pragmático, está matizado ideologicamente a partir de um princípio. Consciente ou inconscientemente, o arquiteto irá aderir, criticar ou repudiar uma determinada maneira de organizar os elementos de sua arquitetura; criticará ou repudiará uma maneira de conceber a função ou uma maneira de inserir sua obra no entorno, naquilo que Argan denomina a instância tipológica[7]. De forma consciente ou não, voluntariamente ou não, toda intervenção no espaço construído põe em ação uma visão de mundo que tende a colocar-se como construção do ambiente humano, isto é, uma ideologia arquitetônica[8].

Constitui-se, assim, o *significado ideológico* da arquitetura, no qual se mesclam as intenções explícitas do arquiteto com

6   Neste ponto deveriam ser considerados, separadamente, os projetos mais ou menos utópicos – como a Villa Radieuse, Broadacre City, a arquitetura alpina de Taut, as utopias da década de 1960 etc. Nestes casos, efetivamente, a intenção primeira é antes a de comunicar uma ideia do que a de projetar um entorno físico concreto. Trata-se de incitar a arquitetura a seguir determinada orientação. Enquanto as obras construídas mediariam uma comunicação, as propostas desenhadas comunicam diretamente. Mesmo assim, ainda que em menor grau, as obras das vanguardas não são, às vezes, senão pretextos para apresentar uma ideia, onde a função de habitar pode chegar a ter tão pouco peso como em algumas casas de Peter Eisenman. Contudo, nesse caso, o que se comunica é uma ideia artística, não referida ao mundo social, mas ao organismo arquitetônico em si mesmo, ou melhor ainda, à disciplina. Porque, em certas épocas e em certos autores, a arquitetura parece voltar-se mais sobre si mesma, tomar-se a si mesma como tema fundamental e como significado, antes que a função social a que está destinada e suas possíveis conotações.

7   Tipologia, *Enciclopedia Universale dell'Arte* (reproduzido em *Summarios*, n. 79, p. 5).

8   A respeito da "resposta" da arquitetura às exigências do meio, Roberto Doberti diz: "A relação da arquitetura com 'as funções utilitárias' não pode ser definida em termos de 'satisfação', com o que isso implica de prioridade das funções, de preexistência de tais funções [...] anterior e independente da marcação e delimitação do espaço. Por conseguinte, tampouco essa relação pode ser definida em termos de 'menção', sua atividade faz mais do que indicar as funções: a estrutura; propõe uma classificação das funções [...] as dispõe em categorias [...]. Finalmente reorganiza-as em uma forma que as contém e sintetiza. A arquitetura, produção que recodifica o *habitat*, particulariza-se por sua ação conformadora, antiesquemática, por seu modo de carregar o significado". Justificaciones, *Summarios*, n. 27, jan. 1979, p. 328-334 (Teoria e Signo).

aquilo que nela resulta conotado além de sua vontade consciente pelo uso que faz de seus elementos, derivado de sua própria formação, e com aquilo que as forças produtivas e a cultura da época transmitem através da obra – modos de vida, valores econômicos e sociais, relações sociais, situação tecnológica etc.

No entanto, o significado de uma obra não se esgota na instância de sua criação, pois *não existe significado se este não é percebido por alguém*, ou, dito de outra maneira, o significado adquire significado somente no momento em que é percebido. O que implica uma multiplicidade de leituras, derivadas tanto da diversidade de épocas e culturas, como das circunstâncias histórico-sociais que acompanhem sua existência, em algum momento, a determinadas tipologias arquitetônicas.

Como consequência, ocorre que, embora o significado (ideológico) seja o resultado de uma visão de mundo, enquanto entra no circuito do uso e das sucessivas leituras, a obra se carrega de conotações e, pouco a pouco, adquire novos significados e perde outros. O transcorrer da história transforma e transtorna continuamente o sentido das intenções primeiras e suas respectivas leituras. Cabe, portanto, considerar esse significado como *significado cultural.*

Faz-se necessário distinguir dois tipos de leitura: a da sociedade em geral e a dos observadores que formam parte da disciplina, seja como produtores ou como críticos. Para estes últimos, uma das causas a mudar suas leituras será, além do uso social ou das circunstâncias culturais gerais, o aparecimento de novas propostas arquitetônicas, porque a história se reescreve e se reavalia continuamente a partir do desenvolvimento de sua própria matéria: cada nova obra muda ou afirma o curso da história, seja em grande medida ou em escala apenas perceptível. E, sobretudo, muda o lugar que fatos e ideias do passado ocupam na história. Porque se olha para o passado a partir do presente e o presente da arquitetura, como disciplina, é representado pelas ideias que são postas em prática dia a dia, condensando uma problemática geral que é interpretada e reinterpretada, a cada vez, de modo diferente. A Villa de Adriano, que não havia sido lida senão como um conjunto de peças individualmente interessantes, hoje aparece como modelo inspirador para as arquiteturas fragmentárias do presente; enquanto

156 O INTERIOR DA HISTÓRIA: CONCEITOS INSTRUMENTAIS

o barroco, que foi estudado como um paradigma da continuidade espacial, agora não desperta interesse especial, e as fantasias alpinas de Bruno Taut já são vistas não como uma mera exaltação de uma nova civilização baseada na transparência do cristal, mas como uma forma compositiva de grande vigência histórica[9].

Por outro lado, para o observador especializado, as arquiteturas não construídas, as utopias, que passam inadvertidas para o público geral, desempenham um papel de grande relevância. Assim voltou-se a ler Piranesi e Ledoux, buscando no primeiro um esclarecimento aos avatares da linguagem arquitetônica e sua perda de sentido, assim como à composição por fragmentos[10], e no segundo o elementarismo revolucionário, como primeiro passo para a revolução do movimento moderno[11].

No entanto, a leitura social é diretamente orientada pelo transcorrer da vida histórica da sociedade. Uma circunstância política notável deposita uma carga ideológica sobre um estilo arquitetônico, carga essa que não é irreversível e cuja duração depende, por sua vez, de novas circunstâncias históricas. O exemplo obrigatório é o neoclassicismo, que representou as liberdades políticas no início do século XIX, ao ser adotado pela Revolução Francesa e pelas independências americanas e, no nosso século, passou a representar as mais aberrantes formas de autoritarismo do Estado. Um estilo pode ser lido simultaneamente, em diversas sociedades, com significados diferentes: o gótico, que parece indiscutivelmente indicar uma construção religiosa, na Inglaterra representa nada menos que o estilo nacional.

As alternativas do uso social produzem igualmente leituras contraditórias de um mesmo tipo arquitetônico: o edifício de torre de apartamentos, em certos bairros deteriorados dos Estados Unidos, pode ser considerado como uma forma

9   Cf. Demetri Porphyrios, Notes on a Method, *Architecture Design*, n. 51, 1981.
10   Manfredo Tafuri, El Arquitecto Loco: Giovanni Battista Piranesi, la Heterotopía y el Viaje, *La Esfera y el Laberinto*.
11   Cf. Emil Kaufmann, *De Ledoux a Le Corbusier: Origen y Desarrollo de la Arquitectura Autónoma*, Barcelona: Gustavo Gili, 1982. Este livro, cuja edição original alemã data de 1933, em 1973 começa a ser traduzido e editado em vários idiomas, com sucessivas reedições, depois de ter permanecido quarenta anos como um trabalho de estudioso sem maiores repercussões.

SIGNIFICADO

vergonhosa de habitar, conotando violência e superlotação; em outras cidades com diferentes antecedentes de uso, é visto como símbolo de integração à vida urbana por parte de populações marginais. A aceitação de determinada orientação de gosto por parte das classes altas de uma sociedade provoca, em um determinado período, sua aceitação por parte das demais classes, que poderiam tê-lo rejeitado no início, como ocorreu com o movimento moderno. Esses exemplos de flutuação do gosto – que provém de mudanças na leitura das propostas – poderiam multiplicar-se com uma ampla gama de casos.

Às vezes o significado socialmente atribuído às formas arquitetônicas não está apoiado em bases reais, mas em aspirações não muito claras, ou simplesmente não explícitas: é o que ocorre com os neocolonialismos que, repetidamente, aparecem na América Latina, às vezes inspirados em estilos que nunca existiram no local onde são revividos – como os neo-platerescos ou neoarequipenhos de Buenos Aires –, às vezes diretamente recebidos do exterior – como o chalé californiano. Mais que uma ideologia do habitar, o que se coloca em ação nesses casos é uma ideologia cultural, um anseio de pertencer à história, um complexo de falta de raízes que impulsiona a buscá-las além da imigração multiforme do século XIX – a raiz real da maioria dos rio-platenses –, no solo aparentemente mais sólido da América hispânica. É bastante recente o reconhecimento do século XIX como componente essencial de nossa história, e isso apenas por parte de certos grupos sociais e não do grosso da população, cuja leitura das casas de finais do século XIX e começos do século XX apenas acusam a ideia do "velho"; a menos que, de forma equivocada, ele seja lido como "colonial", com o que automaticamente adquire patentes de nobreza. Os mitos sociais, portanto, desempenham importante papel na adoção de tipologias e linguagens.

Essas observações corroboram o caráter *arbitrário* do signo (se é que é lícito falar de signo) arquitetônico, ou talvez, seguindo Martinet[12], sua condição de imotivado. Fica demonstrada, por outro lado, sua *convencionalidade*, isto é, que o significado atribuído a determinadas formas provém da convenção

12   Cf. José María Rodríguez et al., *Arquitectura como Semiótica*, Buenos Aires: Nueva Visión, 1971, p. 68.

O INTERIOR DA HISTÓRIA: CONCEITOS INSTRUMENTAIS

social, de um acordo social para ler certos significados em certas formas, e não de razões lógicas, funcionais, estruturais. Sem esse acordo, essa convenção, toda tentativa de denotar ou conotar uma ideia seria impossível. A condição arbitrária do signo deixa-o incapaz de significar por si mesmo. O tema já foi comentado no capítulo anterior, a propósito da linguagem, suas motivações originais e a perda de motivação quando os elementos se separam do sistema original. Aqui nos interessa acentuar particularmente a convenção social, já que é ela que impregna de significados as formas arquitetônicas.

No entanto, a recorrência à convencionalidade obrigatória do signo deve ser acompanhada, de forma dinâmica, com um permanente processo de recodificação, sob risco de que o signo se torne "transparente", que perca sentido:

> A repetição mecânica do signo, o pretendido acesso a um sentido não processado, a produção e leitura "convencionalizados" [...] o distendem, o afinam. O significante originado como *forma* torna-se *esquema*. [...] Esquematismo e recodificação caracterizam nosso meio social, estabelecem a dinâmica de sua transformação interna[13].

Diante da proposta de uma ideologia do habitar, apresentada pelo produtor de arquitetura – em cujo caráter englobamos não só o arquiteto, mas todos os implicados no processo de produção: empresários, agentes financeiros, legisladores, funcionários públicos etc.– coloca-se a percepção, mutável e frequentemente imprevisível, do público social. Em cada momento histórico e para cada grupo social existe um "modo social de entender o mundo"[14], essencialmente subjetivo, que atua como filtro da percepção e define os significados que serão lidos no produto arquitetônico. Seu significado social será, portanto, o resultado dessa visão subjetiva coletiva, essa intersubjetividade, que implica o consenso tácito do grupo social.

- ◆ Assim, existe um significado para quem produz a obra, um significado para quem a usa (direta ou indiretamente como parte de seu entorno urbano), um significado para quem a aprecia ou observa em sua própria época e cultura

---

13 R. Doberti, op. cit., p. 334.
14 Alfonso Corona Martínez, *Ideas*, Buenos Aires: Editora Universidad de Belgrano.

ou a partir de outras épocas ou culturas e, por fim, um significado para quem deve atuar na realização de novas propostas destinadas a enfrentar problemas semelhantes ou a integrar-se no conjunto urbano envoltório. Essas diferentes leituras são dirigidas a um objeto que, por sua vez, está carregado com um complexo grupo de elementos significativos e de intenções mais ou menos explícitas:

- O que o arquiteto quer denotar e conotar (funções práticas ou simbólicas, relações com o entorno, atitudes diante da técnica, da tradição, do conceito de modernidade etc.);
- O que resulta conotado além de sua consciência em função de sua própria carga cultural;
- O que o conjunto da cultura da época e local transmite através dessa obra;
- O que o transcorrer da história foi agregando;
- O que se perdeu com o transcorrer da história;
- O que cada geração descobriu por sua contínua reinterpretação da história etc. etc. etc.

Essa enumeração, incompleta com certeza, nos possibilita reafirmar que *o significado da arquitetura é um significado cultural,* que não se esgota no ato de sua produção, e, portanto, da concretização de uma ideologia. Em consequência, sua compreensão exige que o significado seja estudado no âmbito cultural correspondente, pois sua separação o privaria de sentido ou poderia levar a tergiversar sobre seu significado. Mais uma vez voltamos, assim, à necessidade de estudar a arquitetura latino-americana a partir de pontos de vista que coloquem em primeiro lugar as circunstâncias histórico-culturais que lhe são próprias.

Contudo, de que modo, com que instrumentos podem ser descobertas as diversas capas de significados que se mesclam e se acumulam para constituir o significado total? Não parece haver problemas insolúveis no que diz respeito ao significado atribuído pelos *experts*, sejam eles arquitetos, críticos ou historiadores. A produção construída ou projetada pelos primeiros indica sua opinião sobre a arquitetura em geral e de certas obras em particular; quanto aos segundos, seus escritos revelam explicitamente os significados que atribuem a determinadas obras e movimentos – e ainda, implicitamente, pela

160   O INTERIOR DA HISTÓRIA: CONCEITOS INSTRUMENTAIS

exclusão de alguns deles em seus escritos. Essa análise foi feita
com grande lucidez, em primeiro lugar, por Juan Pablo Bonta,
que se baseou no desenvolvimento dos modos de interpretação do Pavilhão de Barcelona, de Mies van der Rohe[15]; e depois
por Maria Luisa Scalvini, que estendeu esse tipo de análise à
historiografia do movimento moderno[16], como já comentado
a propósito do valor da comunicação da linguagem.

Muito mais complexa parece a tarefa de interpretar os significados sociais. É bastante óbvia a leitura de um primeiro
plano desse significado: a rejeição ou aceitação de uma produção arquitetônica por parte de seus destinatários. O plano do
gosto pode ser detectado, não só pela rejeição ou aceitação –
nem sempre possível de exteriorizar, como por exemplo em
relação às habitações fornecidas por instituições oficiais – mas
também pelas modificações que o usuário realizar em sua habitação ou entorno, e pelos outros indicadores, como as revistas
de consumo popular ou a televisão. Porém, não é simples, em
absoluto, descobrir qual a interpretação significativa que um
grupo social dá a um produto arquitetônico. Roberto Doberti[17]
fez um interessante ensaio semiológico, analisando os termos
com que são designados os diferentes componentes de um edifício, na linguagem dos arquitetos e nos anúncios publicitários
de venda de apartamentos, descobrindo significados de notável diversidade. A leitura de textos sobre a coluna, de Umberto
Eco[18], é outro ensaio sobre o tema que está muito longe de ter
sido explorado de forma suficiente.

Significado e tipo. O tipo arquitetônico é o primeiro elemento
de aproximação para compreender o significado de uma obra, é
o que se oferece como matéria-prima para a primeira leitura, a
primeira decodificação. Françoise Choay descreve, nesse campo,
a perda de significados dos tipos arquitetônicos na cidade: antes

---

15 Cf. *Sistemas de Sinificación en Arquitectura*, p. 42.

16 M. L. Scalvini; M. G. Sandri, *L'immagine storiografica dell'architettura contemporanea da Platz a Giedion.*

17 Em um curso dado no Instituto de História e Preservação da Universidade
Católica de Córdoba, 1977.

18 Trata-se de um trabalho iniciado por Eco em seu seminário para o Instituto Interuniversitário de História da Arquitetura, em 1970, em Bahía Blanca,
depois publicado em versão reduzida no diário *La Nación* e, posteriormente,
em livros.

SIGNIFICADO

da Revolução Industrial refletiam os múltiplos aspectos da cultura urbana, que depois foram se reduzindo apenas a duas categorias tipológicas: "uma que pertence à função econômica da produção e à classe social dos produtores e outra à função econômica do consumo e à classe social dos consumidores"[19]. Essa situação levou a uma enorme redução semântica, que Choay não tem dúvidas em qualificar de mutação. A redução também obrigou à "contaminação do sistema construído pela linguagem verbal [...] com a perda definitiva de sua pureza anterior". O significado da cidade converte-se, então, no sistema da eficiência econômica. Sem dúvida, essas reflexões, que datam de 1967, refletem a situação das grandes urbes dos países industrializados e, talvez em um grau apenas menor, a de nossos próprios países.

A tipologia da torre de escritórios criada por Mies nos Estados Unidos aludia, em seu significado original, à elevação da técnica de industrialização da construção ao nível da arte, expressando-se com um extremo purismo que almejava estabelecer uma ordem no caos da cidade norte-americana, conseguindo, de fato, erguer-se em transcendente marco urbano. Porém, com a multiplicação do tipo pelo mundo todo, em suas características mais esquemáticas, seu significado original viu-se substituído por uma indicação genérica de "entidade comercial ou administrativa moderna", sem sequer fazer distinção entre edifício público e privado. Seus primeiros significados tornaram-se transparentes por não terem sofrido modificação alguma, reduzidos à repetição dentro da convencionalidade[20]. Assim, tornam-se ilegíveis tanto do ponto de vista da relação arte/técnica como em sua condição meramente funcional. Essa extrema generalização torna-as anônimas, e por isso exigem sistemas suplementares para sua adequada leitura, que será limitada ao plano funcional: seja a linguagem verbal, como aponta Choay, ou a artística – mediante a reunião de obras de arte de considerável importância que possam ser lidas como próprias de instituições oficiais, como o Picasso situado na frente do Federal Center de Chicago.

19 Urbanism and Semiology, em Charles Jencks; George Baird (eds.), *Meaning of Architecture*, London: Barrie & Jenkins, 1969. Este capítulo é uma versão de artigo publicado em 1967 na revista *L'Architecture d'Aujourd'hui*, p. 34.

20 Ver supra, nota 7, p. 154.

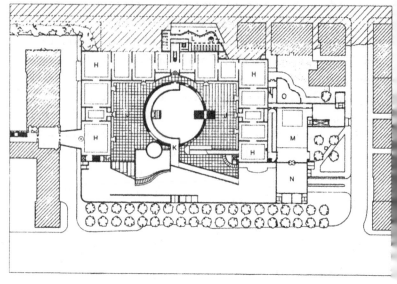

James Stirling, ampliação da Staatsgalerie de Stuttgart, plantas.

A característica hipossemântica parece ter sido experimentada como uma carência pelos grandes municípios dos países desenvolvidos, que sentiram a necessidade de erguer edifícios-símbolos como, certa vez, já foram erguidas as catedrais medievais, as praças cívicas, ou mesmo os magníficos estabelecimentos portuários de cidades como Hamburgo. Esse papel foi encomendado aos museus, cuja proliferação nos países mais ricos do globo alcançou um nível impressionante. No entanto, para constituí-los em símbolo da nova riqueza democrática, o significado tradicional da instituição teve que ser reformulado: já não se trata de um "templo da arte", aberto somente às elites intelectuais, ou de um tesouro destinado à custódia de peças valiosas, mas de um lugar público onde a cidadania participa livremente da alegria da arte, e, ao mesmo tempo, de um monumento através do qual a cidade – e ocasionalmente um doador – proclama que sua riqueza não se traduz em mero mercantilismo, senão em amor e apoio da cultura[21]. Nesse caso, não se pode esquecer o

---

21   Segundo afirmam alguns de seus habitantes, o município de Stuttgart investiu somas vultosas para a construção de museus artísticos com a intenção de modificar a imagem da cidade, tradicionalmente considerada como a de uma comunidade dedicada exclusivamente às questões financeiras.

Enrique Alberg e Carlos Heynemann, Museu de La Plata, Argentina, c. 1885

papel reservado ao arquiteto, que traz o prestígio de seu nome à empreitada e, por sua vez, encontra admirável ocasião para desenvolver com grande liberdade sua própria ideologia e sua fantasia arquitetônica.

Para evidenciar os novos significados reformularam-se a tipologia formal e, em particular, aquela que diz respeito à relação do edifício com o entorno: em lugar das altas e impressionantes escadarias, dos elevados pórticos, da escala monumental, da severidade da linguagem e da correspondente ausência de cor que, na tradicional tipologia dos museus, estabelecem uma tácita barreira entre o público e o espaço do museu, recorre-se às mais variadas fórmulas para romper essa barreira. Eis aqui alguns aspectos: quanto aos acessos, nos programas dos museus mais recentes, especialmente na Alemanha, surge a exigência de que um caminho ou rampa conduza diretamente o passante da rua até o interior do museu, convidando-o a entrar, e na Staatsgalerie, de Stuttgart, Stirling trabalhou o tema com tal intensidade que o converteu em um imenso passeio que pode ser usufruído independentemente do próprio museu, pois atravessa o prédio pelos terraços e ao redor de um belo pátio circular, e une, entre si, duas ruas paralelas de diferentes níveis

164   O INTERIOR DA HISTÓRIA: CONCEITOS INSTRUMENTAIS

que limitam o lote. No Centro Pompidou, por sua vez, as vistosas escadas rolantes transparentes são uma atração indiscutível para o passante, para o qual também foi ofertada uma praça pública, onde se desenrolam libérrimas atividades artísticas e populares.

No que se refere às conotações propostas nas novas versões da tipologia museu, destacam-se aquelas que aludem a tipologias comuns na vida diária: as construções industriais no Centro Pompidou, que tendem a dessacralizar violentamente a instituição através dessa mudança tão brusca dos signos; ou a atmosfera quase doméstica do belo museu de Artes Decorativas, de Richard Meier, em Frankfurt, com a escala medida de seus ambientes e a vista permanente para os jardins; ou o pitoresco jardim que cobre o museu de Mönchengladbach, de Hans Hollein. Outro tanto pode ser observado em relação à escala: neste último museu, apenas a torre de observação destaca-se do conjunto, enquanto as salas ficam no subsolo, sob os jardins; e o monumental museu de Stirling está fragmentado em volumes de variadas formas e texturas, em volumes heterogêneos justapostos, em um conjunto que parece ter como referencial, mais que um edifício monumental, um fragmento de cidade.

Dessa forma, a cidade reintroduz um elemento significativo que se agrega aos elementos do "sistema de eficiência econômica", mesmo se, em última análise, não seja senão mais um signo do sucesso do sistema. E talvez, em uma interpretação muito estrita, esses museus possam ser incorporados aos significantes da função de consumo, ainda que o que se consome não sejam objetos diretamente comercializáveis para o público.

Uma operação tipológica curiosa, realizada nos últimos anos, é o intercâmbio de tipologias: a utilização de uma tipologia formal derivada de determinadas funções, isto é, historicamente ligada a uma tipologia funcional específica, para abrigar uma função diferente, com o propósito de transportar para a nova função significados que são próprios da anterior. Basta citar dois exemplos conspícuos: o Cemitério de Módena, realizado por Aldo Rossi segundo uma tipologia própria da habitação coletiva, e o Palácio Abraxas, no qual Ricardo Bofill instalou um conjunto de habitações econômicas em uma tipologia palaciana. O primeiro caso provém da certeza do autor de que uma forma pode conter qualquer função, e de sua concepção de cemitério como "cidade dos mortos". O resultado é surpreendente, verdadeiramente sombrio. O segundo caso parece derivado da intenção de "dignificar" a habitação econômica. O resultado também não é muito feliz; não se vê vida no cerimonioso espaço público – exceto pelos arquitetos fotografando o local – e, por alguma razão, esse conjunto foi escolhido como cenário tenebroso para algumas paisagens lúgubres de um filme de ficção científica. Tais experiências parecem indicar que alguns tipos correspondem efetivamente a determinadas funções ou, ao menos, que a arbitrariedade no uso dos tipos ou na manipulação dos significados tem limites que não convém ultrapassar.

Examinemos agora o que acontece em nossos países a partir da elaboração dos primeiros significados pelos grupos de decisão, uma vez que a formulação de tipos ou a condensação de elementos que constituem um tipo são produzidas, em geral, no mundo contemporâneo, nos países detentores do poder econômico e tecnológico. Como já foi comentado, a proposta de um tipo arquitetônico implica a proposta de uma determinada maneira de habitar, de modo que a escolha de um tipo de edificação comporta a aceitação do respectivo modelo de vida. E embora a natureza humana tenha características universais, o mesmo não ocorre com os modos de viver dos diferentes grupos humanos.

O valor semântico atribuído a um tipo proveniente de um meio mais desenvolvido do que aquele no qual é implantado terá, assim, uma dupla função: a de fornecer uma leitura da cidade como "cidade moderna" e da sociedade como "sociedade desenvolvida"; e a de promover uma leitura do espaço habitável que leve o habitante em direção a um uso próprio de um meio original e compatível com essa imagem. Quanto à primeira função, o resultado arquitetônico costuma chocar-se com as condições locais de produção – tecnológicas, financeiras etc. – e com o meio urbano existente; quanto à segunda, ocorre uma contradição interna no tipo transcultural, originado em uma ideologia do habitar determinada, e no modo em que efetivamente é habitada e mantida ao longo do tempo. São mais que numerosos os exemplos que poderiam ser citados, porém, talvez, alguns dos

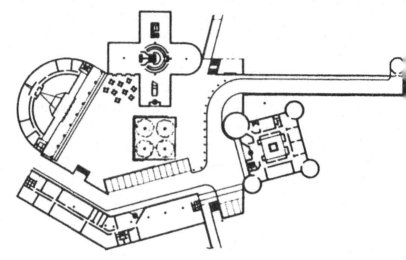

James Stirling, Museu de Ciências, Berlim.

mais eloquentes sejam certos conjuntos de habitações das chamadas de interesse social, projetadas segundo tipologias usuais em países europeus nórdicos, situadas em províncias argentinas: os espaços comuns são convertidos em depósitos de lixo, no lugar dos bem cuidados jardins imaginados pelo arquiteto; ou são fechados com adobe para evitar depredações, e o conjunto não alcança um mínimo de qualidade de vida.

Acontece que, em circunstâncias semelhantes, os "grupos locais de decisão" são *grupos de decisão de segundo grau*, por assim dizer, pois sua decisão não consiste em formular ou reconhecer tipos e significados, mas em adotar ou modificar tipos que tenham sido formulados ou reconhecidos em outros meios culturais; decisão carregada de perigos, a menos que se detecte cuidadosamente o caráter das ideologias arquitetônicas que esses tipos significam, e que se tenha clara consciência das próprias ideologias, o que tornaria possível uma crítica e adequada reformulação, ou ainda evidenciaria a necessidade de uma invenção.

Mais ainda, os grupos locais de decisão, geralmente metropolitanos, costumam ter a seu cargo a formulação de tipologias para áreas rurais e semirrurais, cujas formas de habitar lhes

SIGNIFICADO 167

são tanto ou mais estranhas que aquelas dos países centrais. Os funestos resultados não tardam, com a oferta de espaços inabitáveis ou rapidamente deterioráveis[22]. As decisões atravessam assim, já não duas, mas três etapas de sucessiva alienação. *Significado e processo de projeto*. Para uma adequada análise dos significados é necessário penetrar além das estruturas tipológicas, até o coração mesmo da criação arquitetônica, isto é, até o processo de projeto, e avaliar o possível significado dos diversos tipos de processo.

Em outra ocasião, tentei caracterizar a ideologia do processo de projeto do ecletismo historicista do século XIX como ideologia liberal:

> Nesse tipo de processo, todos os elementos se libertaram entre si: a tipologia funcional, resolvida como tipologia planimétrica, não impõe a criação de estruturas espaciais determinadas; por sua vez, a estrutura portante não impõe o uso de materiais não portantes; os materiais e as estruturas não impõem tipologias formais, e as tipologias formais, por sua vez, nada impõem. É a parte violentamente criativa do *self made man* vitoriano que se expressa nesse abuso de liberdade. Sente-se dono do mundo e da história e dispõe livremente da história que lhe pertence. Porém, a contradição interna da ideologia vitoriana está presente justamente no fato de que não pode libertar-se dessa herança, que é uma herança de símbolos de valores culturais e sociais que anseia para si, e que, talvez, vagamente suspeita que permaneçam inacessíveis para ele[23].

Com Durand, o processo analítico cobra extremo rigor lógico por aquele que se conduz com mão segura da decomposição à recomposição e, portanto, à unidade final do produto. Mantém-se, contudo, a independência conceitual das diversas etapas do processo e dos diversos componentes do organismo arquitetônico (ainda que o termo "organismo" não seja precisamente adequado neste caso). O processo mantém-se regido por articulações precisas e submetido a normas definidas, surgidas da própria disciplina mais que do conteúdo funcional do organismo; o arquiteto aparece como um técnico mais preocupado pela perfeição de sua ação do que pelas consequências

22 Ver a este respeito os casos comentados em *Summarios*, n. 80-81 (Apropriación y Desarraigo), 1984.
23 Marina Weisman, *La Estructura Histórica del Entorno*, p. 212.

que tal ação pode acarretar tanto ao usuário quanto ao meio. Isso parece constituir uma primeira aproximação à mecanização do pensamento arquitetônico, sem dúvida mais eficaz do que o que seria tentado na década de 1920 quando, exceto naquilo que costuma ser classificado como a "linha dura" do movimento moderno (Hannes Meyer, Hilbersheimer etc.), boa parte dos princípios mecanicistas cederam diante da pressão dos movimentos artísticos e da própria sensibilidade estética dos arquitetos. As falácias da ideologia mecanicista do período foram amplamente estudadas para que voltemos uma vez mais sobre o tema.

Parece interessante comparar o processo acadêmico de análise-decomposição/recomposição com o processo de análise-decomposição/ desagregação que se percebe na obra de muitos arquitetos contemporâneos de diversas partes do mundo, paralelamente, em alguns casos, ao auge de um novo ecletismo historicista. Demetri Porphyrios busca a origem do ecletismo atual no modo de projeto "heterotópico" de Aalto, no qual cada um dos componentes do organismo – e aqui sim, cabe o termo "organismo" – recebe um tratamento que respeita sua função e seu caráter expressivo, sem propor formas globais ou espaços de validade universal. A arquitetura de Aalto aceita e expõe a multiplicidade da vida social, oferecendo espaços específicos para o cumprimento e a expressão de cada atividade, diferentemente daqueles que concebem o ser humano em sua condição de ser universal, ou aquelas que privilegiam os valores intelectuais da disciplina sobre os valores existenciais.

Contudo, na obra de Stirling, de Hans Hollein ou de Robert Stern[24], e da mesma forma na obra de muitos autores menores, a adesão dos componentes de um organismo arquitetônico às necessidades existenciais sofreu um processo de desintegração, um aperto que parece tê-la levado a um plano mais superficial. Na verdade, já não parecem mais questões existenciais básicas que levam à conformação de um âmbito específico ou à escolha

---

24 Podem também ser citados os concursos para o Parc de La Villette (Bernard Tschumi) e para o The Pike, em Hong Kong (Zaha Hadid). Por outro lado, o próprio Stirling afirma que o "edifício [Museu de Stuttgart] pode ser uma colagem de velhos e novos elementos", apud M. Waisman, Organismos y Fragmentos, *Summarios*, n. 84, 1984, p. 24.

de um tipo, mas sim que as possíveis acepções de cada função se subdividem ao extremo, minimizando a escala dos respectivos "elementos de composição", de tal modo que em vez de uma composição ou montagem, o processo resultante é o de uma verdadeira colagem[25].

Por outro lado, em vez de utilizar o tipo selecionado para cada caso como ponto de partida para uma nova criação, isto é, em vez de atravessar por uma instância tipológica crítica, recorre-se diretamente à *citação*, às vezes, manejada com grande habilidade e sutil ironia, mas mantendo sempre sua função de referência explícita à fonte histórica.

As configurações com base na colagem aparecem repetidamente no panorama contemporâneo, não só para a arquitetura, mas também para a cidade: tanto Colin Rowe em sua cidade-colagem, como Aldo Rossi em sua cidade análoga, propõem cidades formadas por fragmentos justapostos. Quanto à arquitetura, e deixando para mais tarde a consideração sobre outras formas de fragmentarismo, distinguimos duas variantes no processo de projeto por colagem: a já mencionada arquitetura que maneja um livre ecletismo historicista e aquela que trabalha dentro da tradição da bricolagem ou do "*do-it-yourself*", da qual Frank Lloyd Wright é o conspícuo representante, e que tem inúmeros seguidores nas gerações mais jovens, tanto europeias quanto americanas. A primeira apela para uma sofisticada cultura especializada, enquanto a segunda pretende recompor um processo espontâneo, recuperar a presumida inocência do construtor não profissional. Lucien Kroll também recorre a essa via, porém com a intenção de colocar em ação a criatividade coletiva, de impulsionar a participação de quem quiser habitar o construído[26], tarefa nada fácil de cumprir, como se sabe.

Os dois aspectos do processo de projeto sobre os quais comentamos – a colagem e o ecletismo –, parecem repousar sobre um princípio comum: a decomposição da forma, que se

---

25 De acordo com Luis Fernández-Galiano: "[Os elementos da arquitetura] carregam um maior grau de abstração que os [elementos da composição] e se prestam menos que estes a técnicas compositivas de colagem: é a escala do elemento que determina tanto o caráter figurativo ou abstrato do fragmento como o procedimento compositivo – montagem ou colagem – empregado". Órdenes y Desórdenes em la Arquitectura, *Summarios*, n. 84, p. 31.

26 Cf. *Summarios*, n. 33, 1979. (La Anarquitectura de Lucien Kroll)

apresenta tanto no princípio como no final do processo. Porque assim como a aproximação analítica aos "elementos da composição", como os chamava Guadet, não se resolve depois em uma composição legitimada por norma alguma, também o ecletismo historicista opera decompondo sistemas formais e dispersando seus membros, sem depois conformar um novo sistema. Em ambos os casos, o método de composição é a colagem, isto é, a justaposição de elementos baseada no gosto ou na habilidade do autor e em uma livre adequação às necessidades funcionais ou formais.

Diversas interpretações podem ser feitas dessa tendência. Antes de tudo, se aceitarmos com Fernández-Galiano que:

as características fundamentais da arquitetura pensada sob o paradigma mecanicista [são] decomponibilidade e repetição [e que] a decomposição analítica do edifício em seus elementos constituintes e sua posterior recomposição aditiva seja, quiçá, a dupla operação que melhor representa as estruturas de conhecimento e manipulação da modernidade[27],

esse tipo de processo que não admite a repetibilidade nem a recomposição representaria uma posição declaradamente antimoderna. Poderia, então, ser lida como uma rejeição à ideologia do progresso, uma tentativa de libertar-se da mecanização do pensamento, da invasão da técnica e da produção mecânica, enfim, como uma explosão de liberdade contra as sucessivas autoridades que dominaram a cena arquitetônica nos últimos dois séculos – o classicismo, o academicismo, o racionalismo, o funcionalismo e ainda a unidade intrínseca das correntes organicistas, o culto à ciência e à tecnologia etc. Porém, será que não corremos o risco de confundir a profunda necessidade de liberdade com simples atos de rebeldia superficial, com simples golpes sem maiores consequências, porque não parecem apontar os problemas de fundo? E em troca, que mudanças propõem esses atos críticos que desmontam estrepitosamente o edifício da modernidade? Que novos caminhos indicam? E ainda, que grau de compromisso vital, que grau de fé se vislumbra por trás das fachadas atrativas dessa arquitetura? Na realidade, assemelham-se a reações contra algo mais do que

27   Op. cit., p. 30.

SIGNIFICADO

projetos dirigidos ao futuro, produtos do desencanto mais do que de entusiasmo, e às vezes, ainda, expressões de frivolidade mais que de compromisso. Tudo isso parece resultado de certas situações que podem ser percebidas nos países desenvolvidos, nos quais boa parte da juventude sente que carece de futuro. Talvez, por isso, essas tendências estejam marcando, como há muitas décadas o fez Anton Webern, o final de um desenvolvimento histórico: explosões da forma que parecem querer consumar a destruição de um ciclo, a partir do qual será necessário achar caminhos inéditos[28].

Quando esse tipo de processo de projeto é transposto para nossos países, transpõe-se, ao mesmo tempo, uma ideologia de desencanto, da renúncia à luta, da renúncia ao futuro mesmo; uma ideologia que, em geral, não é própria da mentalidade latino-americana. Mais uma vez apresenta-se como algo inevitável a leitura crítica dos significados das arquiteturas que os grandes centros nos propõem.

Existe, contudo, um modo positivo de considerar a bricolagem, como já comentamos, não como uma postura intelectual, utilizada no seio do mundo desenvolvido, para romper a anomia dos grandes conjuntos habitacionais derivados da difusão do movimento moderno, senão como "arquitetura da pobreza", ou ainda mais, "arquitetura da adversidade"[29]: um modo de tornar possível a arquitetura além de toda esperança, quando os meios e as circunstâncias a tornam, aparentemente, impensável. A inteligência para adaptar os elementos

28 Um dos desenvolvimentos dessa tendência é o chamado desconstrutivismo, canonizado por Philip Johnson e Mark Wigler na exposição Deconstructivist Architecture, organizada por eles no MOMA, em 1988: uma busca acompanhada por um pensamento filosófico que, por sua vez, se apoia na arquitetura e que assume aspectos muito diferentes nos vários arquitetos que se supõem integrantes do movimento, os quais, por outro lado, não costumam reconhecer-se uns aos outros como partícipes da mesma ideia. Trata-se, ao que parece, de desmontar os mecanismos da produção do projeto, o que costuma ser expresso mediante herméticas representações lineares ou colagens, nas quais se superpõem e se entrelaçam fragmentos, pontos de vista, estruturas etc. Em alguns casos, no entanto, à estranheza dos projetos corresponde uma relativa clareza na obra construída, que costuma ser bem mais simples do que o que sua representação pressagiava (caso do Teatro Musical de Haia, de Rem Koolhaas, ou dos edifícios de Peter Eisenman em Berlim, por exemplo).

29 Este é o nome que lhe dá um de seus bons cultores, o arquiteto Mederivo Faivre, de Buenos Aires.

172   O INTERIOR DA HISTÓRIA: CONCEITOS INSTRUMENTAIS

disponíveis, para inventar estruturas de fácil construção e manutenção, para enfrentar adequadamente um meio social, às vezes hostil, são algumas das condições necessárias para alcançar esse tipo de arquitetura que, em mais de uma ocasião, consegue relevantes méritos espaciais ou ambientais, além das sociais.

Anteriormente, também já se comentou algo referente à cidade colagem: um breve passeio por nossas cidades nos dirá que já a "conseguimos"; evidentemente não com a justaposição de fragmentos fidedignos de cidades famosas, mas sim com imagens mais ou menos aproximadas. A visão do estudioso europeu – deixando de lado a cota de niilismo e desencanto que comporta – não traz, como já se disse, um aporte positivo para a solução de nossos problemas urbanos, que passam por diferentes parâmetros.

No entanto, essas não são as únicas propostas de fragmentação no processo de projeto. Junto aos processos que começam e terminam com etapas de desagregação, existem outros nos quais a fragmentação não implica desagregação, pois o organismo arquitetônico, ainda que fragmentado, conserva sua unidade essencial.

Herman Hertzberger, ao encarar dessa forma o projeto arquitetônico, tratou de responder ao desafio lançado por Aldo van Eyck no volume do Team 10: "A arte de humanizar o grande número não avançou além dos primeiros e vagos preliminares. Nada sabemos da vasta multiplicidade: não podemos chegar a apreendê-la, nem como arquitetos, nem como planejadores, nem como nenhuma outra coisa"[30]. Para isso Hertzberger articula seus grandes edifícios em pequenas unidades múltiplas, de modo a resolver a concentração de grande número de pessoas em múltiplos espaços que conservam uma escala doméstica. Porém, o conglomerado de espaços, circulações, funções diversas, é resolvido com um vocabulário uniforme, proveniente de um sistema estrutural e de fechamento constituído por elementos repetidos constantemente, que permitem uma grande liberdade nas disposições, mas estabelecem uma ordem legível. Esse tipo de processo evita, além disso,

---

30   *Summarios*, n. 18; 1978; M. Waisman, Organismos y Fragmentos, op. cit.

SIGNIFICADO 173

a criação de objetos arquitetônicos separados do ambiente urbano e fechados em si mesmos – separando também a população interna da urbana – e converte seus edifícios em partes da cidade acessíveis e atravessadas por múltiplos caminhos. A fragmentação torna-se, assim, uma forma particular de desenvolver um discurso fortemente estruturado.

Emilio Ambasz, por sua vez, igualmente evita a fabricação de objetos únicos, e produziu diversas tentativas de integrar sua obra na natureza[31]. Um dos mais recentes é um grande laboratório de pesquisas formado por um conjunto de elementos isolados, espalhados em uma paisagem idílica. A relação com a paisagem, e em particular com a própria terra que sempre cobre parte de suas construções, a simples linguagem e a escala fazem com que esses conjuntos, aparentemente desagregados, componham uma forte unidade conceitual.

É que tanto em um caso como no outro, na base dessas arquiteturas existe um compromisso tenaz com uma ideologia arquitetônica dirigida, por diferentes caminhos, à melhoria da qualidade de vida. Hertzberger se mantém dentro dos procedimentos canônicos da modernidade (decomposição, repetição, recomposição aditiva), aplicando-os, no entanto, com critérios originais dirigidos a resolver problemas da população urbana massiva, os quais não tinham entrado nas questões colocadas pelos mestres da primeira modernidade. Ambasz, em vez disso, propõe uma arquitetura alternativa que tenta reconciliar a arquitetura com a natureza, fazê-la perder seu caráter agressivo, para o qual propõe "desenvolver um vocabulário arquitetônico estranho à tradição canônica da arquitetura". A necessidade de refúgio, de símbolos e mitos, própria do ser humano, está presente nessa arquitetura que o autor prefere comentar mais com fábulas poéticas do que com declarações críticas.

Limitei-me a comentar um dos tipos de processo de projeto, característicos do momento atual, o dos fragmentarismos, porém, a meu ver, isso possibilitou um proveitoso exercício de leitura de significados, e permitiu constatar a importância

---

31   Cf. *Summarios*, n. 11, 1977 (dedicado a Emilio Ambaz); M. Waisman, Organismos y Fragmentos, op. cit., p.19.

174   O INTERIOR DA HISTÓRIA: CONCEITOS INSTRUMENTAIS

fundamental que a escolha desse instrumento de projeto representa para a definição de uma ideologia arquitetônica.

Significado e processo de produção. Com certeza, a leitura do processo de projeto é possível para quem, de um modo ou outro, pertence ao âmbito da disciplina, ainda que sem dúvida se reflita no produto final que terá que ser lido – e utilizado – pelo público não especializado. Enquanto o processo de produção, ao menos em alguns de seus aspectos, é de leitura social não só possível, mas óbvia: por exemplo, na Argentina já é um tema batido a comparação entre a construção da Biblioteca Nacional, incompleta depois de mais de vinte anos de processo, e o edifício construído para a TV estatal em cores, por ironia situado bem diante daquela, e que foi construído em apenas onze meses, tendo em vista o campeonato mundial de futebol de 1978. Porém, esse fato pontual não nos deve fazer esquecer que, em 1978, quinze anos já haviam se passado desde o concurso que consagrara o projeto da biblioteca, e por isso o desinteresse pela cultura não pode ser considerado patrimônio exclusivo do último governo militar, mas tem sido "exercido" continuamente, tanto por governos militares como democráticos.

Contudo, junto à expressão da política oficial, que constitui a leitura óbvia do episódio – e que sem dúvida reflete uma ideologia difundida na maioria da população – não se pode descuidar da outra leitura, a que diz respeito à inserção dos profissionais no processo de produção. Na verdade, em certas circunstâncias do processo referentes à profissão arquitetônica, costumam atuar, pelo menos, dois fatores de distorção: alguns dos mitos sociais argentinos, entre os quais o de que este é um país moderno e progressista[32], e a distância entre o mundo da especulação universitária ou a informação profissional e o mundo das ações concretas, as circunstâncias políticas, os processos financeiros, as reais possibilidades técnicas etc. Tudo isso produz desajuste que depois será traduzido no fracasso dos projetos, ou na dificuldade de levá-los a cabo de acordo com suas premissas, ou na posterior deterioração das obras, produto de tais desajustes.

---

32   Cf. Carlo Barbaresi; Roberto Ghione; Marina Waisman; Gustavo Zapico, Argentina: Arquitectura y Mitos Sociales, *Summarios*, n. 100-101, 1986, p. 27-47.

Os concursos parecem ocasiões ideais para aplicar as teorias e as imagens difundidas através dos canais universitários ou profissionais; teorias ou procedimentos que, na prática profissional atual, não costumam ter fácil acolhida. Também é evidente que será fortuita a possibilidade de uma realização adequada a partir de um concurso, pois raramente as circunstâncias que envolvem a atividade privada serão substancialmente superadas na esfera da atividade oficial. Muitos fracassos ou semifracassos provêm desses tipos de especulações e, na verdade, as citadas distorções podem ser lidas aí.

No âmbito urbano, os vaivéns da economia, a especulação imobiliária, os critérios variáveis dos funcionários responsáveis pelas regulamentações de construções e, com certeza, o peso das teorias urbanas da moda, são alguns dos parâmetros lidos na história de curta duração, como também as contradições entre certas tipologias de edifícios que conseguem intervir, com sucesso, na paisagem urbana, e em suas próprias propostas de células habitacionais, que permanecem em um nível de estrita padronização e repetibilidade, exigidas pelas necessidades financeiras da produção.

Outro aspecto da produção que pode ser lido na curta duração, pelo menos na Argentina, é a flutuante experimentação no campo tecnológico, ligada à igualmente flutuante política financeira e econômica.

A descontinuidade nos desenvolvimentos tecnológicos deixou truncadas muitas tentativas de criação de tecnologias modernas adequadas às circunstâncias locais. Às políticas econômicas deve somar-se a inércia do aparato burocrático encarregado de operar os grandes planos de edificações do Estado. O reconhecimento das profundas diferenças entre regiões, as possíveis inovações destinadas a melhorar a qualidade de vida, geralmente chocam-se, pelo menos na Argentina, contra o muro das normas formuladas nos grandes centros urbanos, que levam a processos de produção onerosos com resultados inadequados[33].

Por outro lado, em alguns países, como a Colômbia, realizaram-se valiosas experiências com a utilização de materiais

---

33 Uma análise dessa situação na Argentina pode ser consultada em *Summarios*, n. 80-81 e 82-83, 1984. (Apropiación y Desarraigo I e II).

próprios da tradição construtiva popular, como a "guadua", ou bambu, como também a adequação dos próprios projetos aos hábitos de ocupação do local, por parte dos moradores espontâneos.

Na duração média, podem ser lidas, por sua vez, características do desenvolvimento geopolítico de uma região: a existência de um tecido urbano sólido produzido em certo período histórico, sua posterior deterioração e o aparecimento de uma forte produção em outra área mostram, de forma cabal, as transferências de poder no território. Às vezes, também na duração média, pode-se ler a existência de um projeto político compartilhado e a capacidade para levá-lo a cabo (como exemplo, podem ser citadas as obras da geração que quis construir uma Argentina "europeia e moderna", ou a ênfase dada à produção de escolas na província de Córdoba, por volta de 1940, ou as obras para o tempo livre da classe operária durante o primeiro governo peronista).

A deterioração de certas obras – evidente, sobretudo, no campo da habitação social – aponta, por outro lado, para a negligência de aspectos básicos do processo da produção que pode ter ocorrido tanto no âmbito tecnológico quanto no próprio projeto – e aqui intervêm fatores ideológicos –, como em um tema que costuma afligir muito particularmente esse tipo de produção, do qual depende estritamente o futuro de todo projeto: a questão da *gestão* – e, em consequência, a possibilidade de manter viva e "saudável" uma arquitetura ou área urbana. A gestão se refere tanto à manutenção física de um edifício como também – e isto é fundamental – à possibilidade de estabelecer relações corretas entre os habitantes e o lugar, o que, ao tornar possível sua apropriação, conduz naturalmente ao seu bom uso e cuidado.

O significado e a trama urbana. O tecido tradicional de uma cidade também possui uma elevada carga significativa. A tradição europeia mediterrânea da rua com fachadas contínuas se repete nas cidades da América espanhola, e o significado urbano da fachada parece ter tal relevância que, como é sabido, em zonas quase descampadas de pequenas populações rurais, encontra-se a tipologia de casas de paredes-meias, paredes que, frequentemente, limitam terras vagas, e instauram assim o significado de "cidade" em oposição a "campo". Essa tradição urbana, ou talvez deveríamos dizer essa *vocação urbana*, contrastante com a vocação rural anglo-saxônica, modificou-se em boa parte desde a incorporação do subúrbio tipo cidade-jardim, que introduz outros significados como resultado de uma nova semantização da cidade, que não entende já como o lugar da vida plena e da eclosão da cultura, mas como a condensação dos males acarretados pela civilização industrial, motivo pelo qual se tenta acabar com aquela oposição cidade/campo e incorporar os significados do campo na cidade.

Da mesma forma, o desenvolvimento no tempo produziu leituras variáveis em nossas cidades. As cidades históricas, em muitos casos, viram seus centros históricos se reduzirem a áreas deterioradas, e por isso a sombria visão da miséria e da degradação urbana se superpõe à leitura de seu valor patrimonial. O centro deixa de ser tal, converte-se em zona marginal à vida ativa – comercial e administrativa – da cidade e aparecem novas áreas que tornam ainda mais complexo o significado da cidade: os novos centros administrativos e comerciais, as áreas de moradias de alto valor econômico, e as extensas "excrescências" formadas por assentamentos ilegais. Com isso, complica-se a dicotomia assinalada por Choay, pois nem o centro histórico degradado, nem os assentamentos clandestinos se enquadram totalmente em "produtores" e "consumidores".

Por sua vez, esses assentamentos são lidos de forma distinta, segundo a ideologia social e política do momento. Durante muito tempo, carregaram – e em mais de um caso ainda carregam – um significado totalmente negativo: às denotações de pobreza e carência de um *habitat* digno superpunham-se conotações de delinquência, próprias de redutos de setores sociais sem capacidade nem desejos de levar uma vida "normal", resíduos depreciáveis de uma sociedade moderna. Essas "chagas sociais" apresentavam um problema que só podia ser remediado com sua eliminação, sem grandes delongas. O termo "erradicação", que foi e continua sendo utilizado, indica o significado outorgado às *villas de emergencia* ou favelas. Diversos estudos, em especial os de John Turner, impulsionaram a mudança dessa leitura, secundada por uma circunstância estranha à própria ideologia: a escala alcançada pelos assentamentos irregulares em alguns países, que tornou impossível toda

178 O INTERIOR DA HISTÓRIA: CONCEITOS INSTRUMENTAIS

tentativa de "erradicação". Turner reconheceu valores éticos, nunca antes imaginados nesses grupos humanos, como a solidariedade social e valores de ordem prática, como a capacidade de realizar normas físicas adequadas ou de criar sistemas construtivos e tipologias habitacionais apropriadas às circunstâncias. Tendo em vista tudo isso, a política mais lógica torna-se aquela de apoiar esses valores, mediante a melhoria das condições do *habitat*, que precisam procurar os serviços públicos mais elementares.

Porém, a mudança fundamental na leitura desses fatos urbanos é que o destaque negativo se deslocou dos habitantes "ilegais" ao conjunto da sociedade, reconhecendo que o significado profundo dessa forma de habitar, até agora mascarado ideologicamente, é o caráter de uma organização social, econômica e política que expulsa as famílias rurais de seu lugar de origem e as incita a aglomerar-se em torno das grandes cidades. De tudo isso, depreende-se que uma leitura dos significados urbanos é, ao mesmo tempo, uma leitura da inscrição da sociedade no espaço e uma leitura dessa sociedade através do tempo[34]. Os significados da cidade parecem residir, mais diretamente do que os da arquitetura, em seus conteúdos sociais.

Além desse tipo de leitura, que corresponde a um plano de generalidade, aparecem níveis mais particulares de interpretação: a ação de técnicos e políticos materializada em normas e regulamentações que vão definindo modelos urbanos de acordo com ideologias, interesses, conhecimentos técnicos etc.; as forças econômicas e os hábitos sociais, que produzem modificações na trama urbana (nesse sentido é notável o caso do microcentro de Córdoba com sua rede de galerias e passagens, superposta à trama original); o papel desempenhado por monumentos de valor histórico ou social, qualificando áreas urbanas e, ocasionalmente, determinando tratamentos especiais da paisagem urbana; a consistência ou a fragilidade dos tecidos habitacionais, produzida pelo ritmo variável da vida urbana; ou o papel atribuído às vias de comunicação, destruindo ou consolidando áreas urbanas etc. Tal multiplicidade de leituras corresponde, sem dúvida, à complexidade

34 A. J. Greimas, op. cit., p. 14-15.

dos mecanismos que concorrem para a construção da cidade, e que é necessário desmontar para alcançar sua compreensão.

Significado e identidade nacional. Com a intenção de recuperar – ou adquirir – um poder de decisão, nossa arquitetura busca, ocasionalmente, seu caminho na história, caminho inaugurado pelo chamado pós-modernismo, e que está rodeado de perigos. Na verdade, o pós-modernismo foi colocado como uma instância crítica do movimento moderno, particularmente no âmbito da comunicação, e com isso a função crítica foi atribuída quase exclusivamente à linguagem. Chegou-se, assim, à situação explicada por Umberto Eco:

hoje, a dinâmica cerrada da redescoberta e da revitalização se desenvolve na superfície, sem atingir o sistema cultural de base; antes, a própria corrida para a redescoberta configura-se como uma técnica retórica já convencionada que, na verdade, remete a uma ideologia estável do livre mercado dos valores passados e presentes. O nosso tempo não é só o tempo do esquecimento, é o tempo da recuperação [...] *não revoluciona as bases da nossa cultura*[35].

Quando Philip Johnson reveste seus arranha-céus de formas neogóticas ou de "relógio da vovó", não muda, na verdade, nada na vida urbana. Para que houvesse alguma mudança, se deveria atuar sobre aspectos profundos do tipo, como os funcionais ou os de relação com a cidade. Atribuir à linguagem toda a responsabilidade de encontrar um novo caminho para a arquitetura não deixa de ser uma mera operação de *styling*, mais um caso de *gattopardismo**.

Em nossos países, à crise da arquitetura internacional soma-se a crise de identidade da própria nacionalidade, e para enfrentá-la a história aparece como valioso ponto de apoio, embora não isento de ameaças. Na verdade, o perigo não só reside em uma referência superficial à linguagem, como se acaba de comentar, mas que mesmo uma busca mais profunda, como

---

35 *La struttura assente*, p. 24. (Trad. bras., p. 212.)

* O termo, que significa paradoxalmente *mudar para que nada mude,* tem origem no romance *Il Gattopardo* (O Leopardo), de Giuseppe Tomasi, de final dos anos de 1950, misto de autobiografia, história e ficção, em que o autor descreve as articulações e manipulações das elites italianas por ocasião da unificação do país, no sentido de manter o *status quo.* Em 1963 Luchino Visconti o adaptou para o seu filme homônimo: *Il gattopardo* (N. da T.).

Coleta de algas na barra de Ancud, Chile.

é o estudo tipológico, exige uma aguda visão crítica para constituir-se efetivamente em instrumento apto para a consolidação de uma identidade nacional ou regional. Quando se busca inspiração na própria história, para elaborar tipos habitacionais em consonância com os modos de vida locais, nem sempre se percebe que os modos de vida do século XIX, por exemplo, já não são desejáveis para os habitantes atuais, ou que certos tipos arquitetônicos históricos se acomodam mal com as aspirações e possibilidades da família média atual e que, além disso, para as classes mais cultas não significam o mesmo que para os cidadãos comuns[36]. As contínuas mutilações a que os habitantes submetem suas casas "italianizantes", para obter uma imagem de modernidade, dão provas da verdade dessa afirmação. Um dos riscos enfrentados por quem busca orientações na história

---

36 Pode-se dar como exemplo a obra do arquiteto Giancarlo Puppo que, com excelente manejo do espaço, das estruturas, dos materiais e de recursos expressivos, consegue uma arquitetura que parece surgida de uma "Buenos Aires interrompida", em um desses mundos paralelos que, segundo os escritores de ficção científica, desenvolvem-se em outras dimensões, um mundo que não sofreu a segunda revolução industrial, o movimento moderno, o *Existenzminmun*... [Pobreza Absoluta] mas que foi alcançado pela nostalgia decadente de nosso fim de século.

SIGNIFICADO 181

é o de idealizar modos de vida porque apreciamos (profissionalmente) as estruturas que os contiveram. Não era outra coisa o que faziam os românticos, ou certos socialistas utópicos, quando exaltavam a vida nas cidades medievais, sem considerar as tremendas condições higiênicas e outras situações igualmente inaceitáveis dessas cidades, do ponto de vista moderno.

Para não se converter em mero mascaramento ou na proposta de congelamento de formas de vida, recorrer à história exige, portanto, que não se busque transpor diretamente formas tipológicas sem um rigoroso exame de seus significados e, fundamentalmente, que o sistema cultural de base fique comprometido com o novo enfoque. A história não pode ser tomada em seus aspectos mais evidentes ou superficiais. Uma concepção puramente morfológica do tipo pode levar a graves erros, como no caso da transcrição de uma trama urbana em forma de quadras, aparentemente própria da tradição argentina[37], mas sem atender às tipologias de edificações correspondentes que implicam uma relação social dos habitantes com a rua e uma utilização privada do centro da quadra.

O instrumento tipológico é, na verdade, um meio para compreender e respeitar os modos de vida de uma região; porém que seja sempre considerado em seus significados complexos e em seu caráter essencialmente histórico, isto é, capaz de aceitar as inevitáveis mudanças e transformações que o tempo produz nesses modos de vida.

A compreensão dos significados pode constituir um guia que decida o aspecto que deve ser reformulado para não cair em primitivismos ou anacronismos inaceitáveis.

Outro dos caminhos escolhidos para um reencontro com a identidade nacional ou regional é o das tradições da *arquitetura vernacular*, tanto no que se refere a tipologias de edificação como às tecnoconstrutivas. Tampouco esse caminho, tal qual o da história, está isento de riscos. A busca de um regionalismo inspirado nessas tradições, por mais de uma vez, caiu em um folclorismo ou em um nacionalismo reacionário.

O significado das arquiteturas vernáculas é bem menos complexo que o das arquiteturas profissionais, uma vez que

---

37   Bairro Centenário, na cidade de Santa Fé, Argentina, do arquiteto Tony Diaz.

para elas não existe a instância da transculturação em seus aspectos ideológicos. Na verdade, embora alguns tipos daquilo que se pode denominar arquitetura vernácula urbana tenham sua distante origem em formas europeias, foram adotados como memórias construtivas ou organizações formais tradicionais, como poderia ser considerado o chamado estilo "italianizante": é o modo de construir aprendido pelo artesão da construção e transmitido por um lado como ofício e por outro como *modelo*. Precisamente, a diferença fundamental entre a arquitetura profissional histórica e a vernácula é que a primeira é manejada mais com base em tipos e a segunda com base em modelos. A carga significativa lhe é outorgada *a posteriori* pelo conjunto social e pelos observadores especializados – que, certamente, nem sempre coincidem em seu juízo – e pode variar desde uma conotação de pobreza e atraso até uma de um toque pitoresco, de valores relacionados com a vida tradicional, ou de valores locais dignos de serem tomados em consideração, em função da identidade local ou regional.

Com relação à identidade regional, são as técnicas construtivas, os materiais locais, tanto quanto as tipologias habitacionais ou as relações do edifício com o entorno, os elementos a partir dos quais se pode tentar uma reinterpretação, indispensável desde que se queira inserir esses modelos na história, modelos que, como tais, aparecem parados no tempo. Na tentativa de recuperação de seus valores, é a condição de a-historicidade que não se pode perder de vista, para evitar o risco de desembocar em um congelamento dos modos de vida. Na América Latina há excelentes exemplos que demonstram a possibilidade de empreender esse caminho.

Como já visto, falar de significado implica falar de um complexo conjunto de problemas. Tenhamos em mente, de tudo o que foi dito, que o *caráter do significado é ideológico e cultural* – e com isso, com certeza, também se diz que é *histórico*. Daí ser impossível compreender a arquitetura como um objeto isolado, pois o objeto isolado em si mesmo carece de significado e, por outro lado, se ele for incorporado a um sistema que não seja o seu próprio ou compatível com ele, adquirirá um novo significado que pode chegar a se contrapor ao original. (Essa é uma das causas pelas quais os espanhóis não puderam compreender o significado e, portanto, o valor da arquitetura e da arte americanas: por desconhecer seu verdadeiro âmbito cultural e julgá-las como parte de sua própria cultura, na qual apareciam como expressões de uma heresia, valiosas apenas pelos ricos materiais que as constituíam.)

Qualquer tipo arquitetônico se transforma em uma casca vazia se, em sua consideração, não forem incluídas as relações com os seres humanos – os que o produziram, os que o usaram e os que o usam, os que o viram e os que o veem hoje. Em outras palavras, se sua carga semântica for desprezada; lembrando, certamente, que a carga semântica não é nem permanente nem inamovível, que a história esquece e lembra significados, agrega outros novos, transforma e deforma uns e outros continuamente.

Estes dois últimos capítulos estão, evidentemente, estreitamente relacionados entre si e sua separação se justifica somente pela necessidade de aprofundar aspectos particulares de cada um deles. Porém, além disso, embora a linguagem seja portadora de significado, atribuo a este último um alcance muito mais amplo que seu tratamento específico exigia. Nos dois casos fica implícito o tema da comunicação: considerando que comunicar não é a função primeira da arquitetura, adverte-se, no entanto, que tentamos ler nela. Talvez devesse insistir na diferença entre "significado" e "mensagem", esta última sendo componente obrigatório de uma operação de comunicação, e não da arquitetura e de seu significado.

8. Patrimônio Arquitetônico e Urbano

Não se pode tentar definir o que se entende por patrimônio se antes não se determinar qual será o projeto cultural a partir do qual se valorará o conjunto de objetos que devem ser considerados como integrantes desse patrimônio. Pois não se pode atribuir ou reconhecer valor – ou significado – a nenhum objeto, conforme expresso no capítulo anterior, se não em relação a um grupo humano.

Há, pelo menos, duas possibilidades radicalmente opostas nesse campo: ou se coloca em primeiro plano o valor de *consumo* dos objetos patrimoniais, ou, ao contrário, considera-se prioritário o valor que representam para a identidade cultural da comunidade, o que viria a representar um valor de *uso*. Certamente existiriam possibilidades intermediárias, porém para nossa análise convém deter-se nessas atitudes extremas. O posicionamento quanto às valorações leva a atitudes contraditórias, tanto no que diz respeito à definição de patrimônio quanto às políticas relativas ao seu tratamento. No primeiro caso, consideram-se prioritários aqueles bens que apresentem evidentes atrativos– seja por seu relevante valor artístico, ou simplesmente por sua originalidade, curiosidade ou extravagância – e a presença da população será avaliada enquanto contribuir para reforçar a imagem pitoresca ou curiosa; ou seja, a população será tratada como mais um objeto de consumo, descartável, portanto, se não for "consumível", se não agregar nada de especial ao caráter do monumento ou do lugar. A partir dessa perspectiva, o tratamento do patrimônio se inclinará a congelar situações consideradas valiosas; e para isso serão realizadas restaurações, ou arranjos mais ou menos cenográficos, que "valorizem" os elementos considerados de maior atração, e com isso, muito frequentemente, acaba-se por criar uma falsa identidade. Nesse caso, não se admitem mudanças criativas que coloquem o patrimônio a serviço da população existente que, na maioria dos casos, é expulsa da área tratada. O valor fica diretamente relacionado com a produtividade econômica e, assim, confunde-se valor estético e originalidade genuína com extravagância ou decorativismo superficial.

Se, por outro lado, se atribui transcendência à consolidação da identidade cultural do grupo social, o patrimônio arquitetônico e urbano adquirirá valor em função de sua capacidade como elemento de identificação e apropriação do entorno por parte desse grupo, e as consequências dessa tomada de posição, tanto para a determinação dos bens patrimoniais como para seu tratamento, levarão a operações de recuperação ou refuncionalização por vias ricas e criativas.

Portanto, os valores a serem reconhecidos, mais do que aqueles derivados da pura imagem, serão os que formam um conjunto de questões relacionadas com as vivências sociais: à memória social, isto é, ao papel que o objeto em questão tenha desempenhado na história social; à leitura que as pessoas fazem dele, tanto o usuário direto como o indireto, isto é, a pessoa que nesse "objeto" possa reconhecer o *habitat* de um determinado grupo sociocultural; à capacidade de conformar um entorno significativo e conferir sentido a um fragmento urbano etc. Tudo isso não implica, certamente, negligenciar seu peso próprio, outorgado pelo seu valor estético ou sua originalidade.

Se o patrimônio é considerado como apoio para a memória social, um dos valores fundamentais a serem considerados, sem dúvida, será a presença de seus habitantes. Ao colocar em primeiro plano a capacidade de identificação e apropriação por parte do grupo social, esse grupo passa a ser concebido como

PATRIMÔNIO ARQUITETÔNICO E URBANO

protagonista de qualquer operação a ser empreendida: o tratamento do patrimônio tenderá a fixar a população, evitando a todo custo sua expulsão. Por outro lado, ao afirmar a continuidade histórica da construção do entorno, tende-se a resistir ao sentimento de provisoriedade, de descontinuidade, de anonimato, todos fatores de ausência de enraizamento cultural.

Por outro lado, contudo, ao considerar os habitantes como parte fundamental do patrimônio cultural, compromete-se o reconhecimento da necessidade de mudança, de adaptação de edifícios e áreas urbanas a novas necessidades, novos hábitos, transformações funcionais da cidade etc. Por isso, o congelamento de situações edificadas ou urbanas não pode ser a meta da preservação, colocando-se a necessidade de encontrar, para cada caso, a solução que permita o delicado equilíbrio entre preservação da identidade e mudanças.

Assim, esse tipo de projeto concebe o patrimônio arquitetônico e urbano como um *valor cultural não consumível, mas produtivo:* produtivo de novas ideias de projeto, tanto quanto de melhores espaços de vida. A permanência de elementos considerados como patrimônio é uma permanência na vida, nunca isolada e convertida em mero objeto de contemplação ou consumo.

A adoção de um ou outro projeto depende da ideologia predominante nas esferas de decisão, do grau de consciência que estas – e a própria população – têm do que é necessário para a sociedade em que atuam, e da interpretação de tais necessidades. Como em tantos aspectos de nossa vida social, também nesse influem poderosamente os exemplos estrangeiros, bons e maus, bem ou mal interpretados. É tarefa inevitável do especialista inclinar-se a uma tomada de consciência da problemática local, a partir da qual poderá formular um adequado projeto cultural.

Admitindo-se que se decida pela concepção que favorece o fortalecimento da identidade cultural, tentemos definir quais serão os "objetos" que constituirão o patrimônio arquitetônico e urbano. E especifico o termo "objetos", entre aspas, porque não se trata somente de objetos físicos, mas também de objetos de consideração e atenção. Incluo entre eles, em princípio, junto aos *monumentos* indiscutíveis, os tipos arquitetônicos em suas diversas articulações, os *espaços sociais,* os *centros históricos* de natureza distinta, a *escala,* a trama urbana.

Uma vez analisados tais objetos, será necessário estudar o que ocorreu com eles no transcurso da história, que mudanças e transformações sofreram, para só então poder determinar de que maneira se poderá intervir neles. Desse modo, nossa análise compreende o "para quê" – ao qual acabo de me referir –, o "quê", sua história e, por último, o "como", acerca do qual não se pode ir além de considerações de índole geral, de atitudes de projeto, uma vez que cada caso implica circunstâncias particularíssimas que exigem decisões igualmente particulares.

O Tipo. Na consideração do tipo, se nos referimos às distintas séries tipológicas anteriormente comentadas, aquelas séries que apresentam maior relevância aos efeitos da identidade e capacidade de apropriação do meio, são aquelas das tipologias funcionais, as de relação do edifício com o entorno, as tipologias formais e em especial as que se referem especialmente à linguagem.

As tipologias funcionais têm uma conexão direta com a estrutura social, com as relações sociais que ocorrem no meio, e outro tanto ocorre com as *tipologias de relação do edifício com o entorno.* Ambas expressam um modo de vida no setor urbano, revelam o tipo de pessoas que o habitam ou transitam por ele, o modo de ocupação dos espaços públicos, em uma palavra, definem as qualidades existenciais do entorno. O equilíbrio dessas qualidades é sumamente frágil e pode ser quebrado – e, de fato, frequentemente o é – não só com as mudanças nas tipologias funcionais, mas também, algumas vezes, com tentativas não bem-sucedidas de consolidação das mesmas tipologias. O primeiro caso ocorre nos setores em que construções com comércio no nível térreo e habitações nos andares superiores são substituídas por grandes blocos de escritórios de planta livre (ou então ocupada por bancos locais). Essa tipologia foi criada conjuntamente com um modelo urbano no qual a liberação do andar térreo tinha como função a continuidade da área verde livre; sua transposição ao modelo urbano da quadra ou do bloco urbano tirou-lhe o sentido e converteu-o em mero expediente formal, que acaba produzindo um deserto funcional na cidade. O uso dos espaços públicos se limita à circulação para e do trabalho, de tal modo que não há ocasião de estimular relações sociais e esses espaços permanecem vazios durante longas horas do dia. A criação de praças e espaços livres junto

Laureano Forero/Oscar Mesa: ampliação e refuncionalização, Centro Villanueva, Medellín, Colômbia, 1982.

aos edifícios, nesses setores, acaba sendo, assim, muito pouco útil do ponto de vista social, especialmente nos países nórdicos, onde só podem ser utilizados durante breves períodos do ano; e, em geral, seu uso não envolve as famílias, uma vez que não moram nessas zonas, e com isso pouco contribuem para a melhoria da qualidade da vida urbana.

No extremo oposto do espectro, se não for acompanhada de uma clara política social, a tentativa de consolidar antigas tipologias, frequentemente, termina com a expulsão da população, quando o custo para restaurar ou renovar é muito elevado. O bairro perde seus habitantes, seu caráter original e se transforma em bairro de lojas de antiguidades, estúdios, casas de intelectuais e artistas, ou de famílias de alto nível econômico, em condições de arcar com o alto custo das habitações, mais uma vez, convertidas em objetos de consumo.

Por outro lado, nem sempre é possível ater-se às tipologias funcionais existentes e tentar sua preservação, pois existem funções que deixaram de existir, outras que exigem diferentes instalações ou diversa localização na cidade, de modo que, nesses casos, cabe analisar a potencialidade do tipo para abrigar novas funções, adequadas ao local e seus habitantes. São abundantes os exemplos destes tipos de operações: a conversão de mercados em desuso em centros culturais de bairro, na cidade de Córdoba, Argentina, a transformação de uma prisão em Museu Nacional; em Bogotá, o uso do belo envoltório da velha ópera de Frankfurt para situar um centro de convenções, salas de concertos populares e de música de câmara etc.

A relação do edifício com o entorno, que determina a estrutura morfológica da área, pode ser analisada em seus significados ideológicos e culturais, que correspondem diretamente a suas relações com a estrutura social. A atitude assumida frente à cidade, frente à comunidade local, frente à vida social, no projeto do tipo arquitetônico, contribuirá para qualificá-los e outorgar-lhes identidade, ou a rejeitar sua condição atual. O tipo escolhido facilita ou entorpece a vida social; impõe novas condições à vida urbana ou respeita as existentes; consolida ou perturba as qualidades de identificação do lugar.

As diferentes tradições de cultura urbana deram origem a diversos tipos: a tradição anglo-saxônica de edifícios isolados, a tradição mediterrânea de ruas definidas por fachadas corridas, a tradição americana da grelha; em cada caso, os tipos edificados configuraram-se dentro de uma prática urbana, e a atual transposição de tipos de uma trama para outra causa a destruição de certas formas urbanas, que formavam parte da cultura das cidades.

A trama urbana se conforma por uma relação definida entre o espaço construído e o *poché*, isto é, o conjunto de espaços não construídos – públicos, semipúblicos, privados. O tipo de edificação vai qualificando a natureza do *poché*: a torre se situa isolada no espaço público sem contribuir para sua definição; ao contrário, a construção geminada (de paredes-meias) com fachada determina energicamente os limites entre espaços públicos e privados; a moradia isolada dentro de um jardim perde o grau de privacidade de seu espaço livre, que se converte, pelo menos visualmente, em espaço semipúblico; a casa de pátio mantém a privacidade de seu espaço livre etc. Em bairros residenciais, a relação dimensional entre os espaços públicos – jardins, caminhos – e a área destinada à circulação de veículos, marca o status social da área, assim como o tamanho dos lotes e, portanto, a separação entre moradias, que define diretamente o grau de possibilidade de fluidez das relações de vizinhança, pelo menos em nosso meio. (Não é assim nos Estados Unidos, onde as relações de vizinhança são parte dos hábitos sociais, provavelmente, devido ao alto grau de mobilidade das famílias e à sua necessidade de estabelecer rapidamente novas relações em cada nova residência.)

Um tema fundamental a ser considerado, portanto, na preservação da identidade de uma área ou um edifício, é esse conjunto de relações que, definitivamente, são as que marcam o caráter e a identidade do lugar, o modo de uso dos lugares públicos, os modos de vida social, a imagem urbana.

A trama urbana, e com ela a estrutura dos espaços públicos, está muito intimamente inscrita nos hábitos e na consciência do cidadão de cada região. Permite-lhe compreender a localização dos volumes no espaço, o caráter geral da estrutura urbana, e possibilita-lhe distinguir, a partir de suas variações, a mudança de caráter de um bairro ou uma área qualquer; definitivamente, mediante sua compreensão, pode concordar em apropriar-se de uma área urbana com a qual facilmente se sinta identificado. Como salientado acima, a trama urbana está ligada a tradições muito antigas e pode ser considerada um atributo de longa duração na história urbana. (Basta recordar a desorientação do americano que, pela primeira vez, se encontra em uma cidade europeia de origem medieval, para comprovar a importância da trama para a identificação de um lugar.)

Certamente, a trama pode sofrer modificações ao longo do tempo, seja por regulamentações construtivas ou pela força do uso, como no caso das galerias comerciais que atravessavam as quadras no centro de Córdoba, Argentina, ou de Santiago do Chile, e que acabaram por superpor uma nova trama de circulação àquela da grelha tradicional. Porém, mesmo nesse caso, não se perdeu a vigência da grelha, como não se perdeu a referência aos encontros de ruas ortogonais, o modo de ordenar e numerar os edifícios, tudo o que mantém na consciência a imagem original da grelha.

Quando os mestres do racionalismo pensaram em substituir radicalmente as tramas históricas por novos arranjos carentes de referências, em sua tentativa de apagar todo vestígio do passado e inaugurar novos modos de vida, não perceberam que esses espaços urbanos carentes de referências, nos quais a repetição de blocos ou volumes idênticos não proporcionava meios de identificação e, portanto, de apropriação dos lugares, negligenciavam uma necessidade básica do ser social. Posteriormente, as propostas do Team 10 tentaram aproximar-se da condição multiforme da cidade histórica, porém, com sua ênfase colocada nos canais de circulação, perderam de vista a natureza de espaço social da rua tradicional, ou então, ao propor uma série de tramas superpostas (projeto para a Universidade de Berlim de Alison e Peter Smithson, por exemplo), tornaram confusa a leitura do espaço urbano. A recuperação do valor das tramas históricas foi um dos mais importantes resultados dos períodos de crítica a essas propostas, que ocuparam as décadas recentes.

A trama urbana é, portanto, um dos elementos básicos do patrimônio, fundamental para a observação da identidade. Da mesma forma ocorre com a escala.

A escala tem um significado semelhante ao da trama: é fundamental para a compreensão do entorno e para preservar o sentido da trama. Pode-se dizer que a facilidade das relações sociais, bem como da apreensão do entorno urbano, estão inversamente relacionadas com o aumento desmesurado da escala, a partir de certa densidade, abaixo da qual é igualmente difícil apreender o sentido de um entorno. Os limites acima ou abaixo dos quais a escala torna incompreensível o entorno estão, com certeza, diretamente relacionados com os hábitos visuais e motrizes de cada grupo humano, com seu tipo de desenvolvimento tecnológico, com todos os componentes de sua cultura: a apreensão de um espaço para um nova-iorquino não será a mesma que para um habitante de um pequeno povoado dos pampas, ou, mais ainda, para o integrante de alguma tribo africana. De modo que essas considerações referem-se sempre aos membros de uma mesma cultura, que podem perder sua capacidade de compreensão do próprio entorno em função de bruscas mudanças de escala. Cabe aqui mencionar o bairro de La Défense, em Paris, formado por imensos edifícios situados em uma terra de ninguém, impossível de ser entendida pelo pedestre, e que leva a pensar em um jogo de cubos de montar de alguma criança gigantesca que não sabe bem como organizar seus volumes no tabuleiro.

A compreensão do entorno e a identificação com este estão baseadas, assim, tanto na manutenção de uma trama urbana básica – e, por conseguinte, dos tipos construtivos adequados – como na de uma escala que o torne compreensível.

Diante de atitudes primordiais como as comentadas, *a linguagem* pareceria ocupar um lugar secundário. E, sem dúvida, é secundária sua possibilidade de influenciar no modo do uso do espaço social: uma mudança de linguagem não muda as funções, a estrutura urbana, a escala, o tom da vida social (os arranha-céus revestidos de linguagem historicista não produzem mudanças reais na cidade). No entanto, o modo de qualificar um volume pode produzir fortes rupturas na imagem urbana, pode destruir o caráter definido de um determinado espaço, mediante a imitação de modelos internacionais, pode diluir a identidade do lugar assemelhando-o a imagens repetidas em todos os grandes centros; ou, ao contrário, pode contribuir para reforçar a imagem urbana, constituir um edifício em um fato urbano, valorizar a paisagem existente e, desse

194 O INTERIOR DA HISTÓRIA: CONCEITOS INSTRUMENTAIS

modo, apoiar o habitante na ocupação de seu próprio meio. Se a nova linguagem acompanha adequadamente os edifícios existentes, contribui para valorizar um patrimônio que talvez possa ter passado despercebido. Um exemplo relevante dessa atitude está nos edifícios no bloco da Galeria Hanse Viertel, de Von Gerkan, Marg e Associados, na cidade de Hamburgo[1] que, com uma linguagem indubitavelmente moderna, apoiam a edificação vizinha do início do século xx e, desse modo, recuperam a tradição de alvenaria de tijolos da cidade, e chamam a atenção sobre numerosas obras que, com valores individuais nem sempre relevantes, configuram, no entanto, uma das paisagens urbanas mais coerentes que podem ser vistas em uma cidade contemporânea ativa e florescente.

Algo sobre o tratamento do patrimônio. Tanto a revitalização de um edifício existente quanto a inserção de uma obra moderna em um entorno histórico são, por tudo o que já foi dito, operações extremamente delicadas. Não só pelos efeitos da incorporação de nova tipologia funcional, que pode ser necessária, mas pela qualificação formal dessa tipologia que, sem cair na mera imitação, seja capaz de alcançar a continuidade cultural que foi natural na arquitetura durante séculos, e sem perder por isso sua própria modernidade, essa continuidade tornada tão difícil pelas grandes transformações do século xix e pelas transculturações que caracterizam nossos países.

Por outro lado, como em parte já se comentou acima, não devem ser esquecidos os efeitos do decorrer da história. Não só o edifício a ser tratado pode ter perdido sua utilidade para a função inicialmente desempenhada, mas essa função pode ter desaparecido; além disso, o próprio significado do edifício mudou; e mais, com certeza mudou o significado da cidade que o circunda. Certamente, mudou a escala, o ritmo da vida urbana, o papel da área onde está inserido em relação ao conjunto da cidade e mudaram as técnicas construtivas nos edifícios que agora o rodeiam.

Dentro de tão complexa situação, não parece legítimo estabelecer normas de validade universal para o tratamento do patrimônio. A melhor conduta será partir de uma base ideológica firme: isto é, ter claro o "para quê" se atua, a função que se

---

1   Cf. *Summarios,* n. 103, jul. 1986. (El Contextualismo en la Obra de von Gerkan, Marg y Associados)

atribui ao patrimônio, que, em algum momento, defini como "todo aquele aspecto do entorno que ajude o habitante a identificar-se com sua própria comunidade, no duplo e profundo sentido de continuidade com uma cultura comum e de construção dessa cultura"[2], este último por considerar que o valor patrimonial não reside apenas no passado, mas que estamos continuamente construindo o patrimônio do futuro. Complementando o exposto no início do capítulo, dessa proposta surge também que os bens patrimoniais não são apenas aqueles relacionados a funções de prestígio dentro da sociedade e que, em sua recuperação, tampouco é obrigatório um destino especialmente importante, de prestígio: uma vez que na comunidade não existem funções "nobres" ou "plebeias". Aceitando o atual conceito de cultura, que abarca a totalidade da produção de um grupo humano, dessacraliza-se a ideia de monumento como único representante da cultura e orienta-se a preservação do passado em direção a um serviço mais real à comunidade e com um maior grau de flexibilidade.

Pela mesma razão, não se pode distinguir ou categorizar entre diferentes épocas históricas quanto à sua maior ou menor valorização. Na Argentina, é bastante frequente julgar-se digno de consideração somente o passado do período colonial, provavelmente pelo mito social de uma cultura mais nobre, ou da Argentina como produto de um único e grande passado hispânico[3]. A esse mito some-se um pudor velado pela real origem imigratória da grande maioria da população, que causou uma reação nacionalista em certos intelectuais, despertando, talvez pela primeira vez, a consciência da necessidade de uma nacionalidade própria. De origens tão confusas, portanto, aparece esta convicção popularizada de que toda arquitetura do passado digna de ser preservada ou respeitada é "colonial" e, mesmo quando a arquitetura do século XIX e início do século XX já havia começado a ser recuperada, para o público não especializado essa arquitetura continua carregando o antigo rótulo, único que lhe outorga a condição de patrimônio.

---

2   *Summarios*, n. 47, 1980.
3   Cf. M. Waisman et al, Argentina: Arquitectura y Mitos Sociales, *Summarios*, n. 100-101, p. 27-47.

A essa altura de nossa análise, parece óbvio repetir que tudo o que aconteceu na vida de um grupo humano constitui, igualmente, sua história; haverá momentos mais felizes, outros mais difíceis e obscuros, porém é o conjunto de experiências que forma um país, sem excluir nenhuma delas. Não faz nenhum bem a uma comunidade esquecer passagens de sua própria história, às vezes dolorosas e terríveis. A arquitetura, como as cidades, são os testemunhos de todas essas etapas e, como tal, participam da condição de uma herança histórica inevitável.

Os conceitos sobre patrimônio até aqui desenvolvidos foram pensados, particularmente, a partir da ótica de nossos países da América do Sul, os quais, por um lado, não possuem a riqueza monumental dos europeus nem de outros países do continente e, por outro, estão profundamente necessitados de alcançar uma identificação com sua própria história e sua própria paisagem, dada sua longa trajetória de descontinuidades e sua complexa constituição étnica. Daí que, na escala de valores que sustenta minha tese, seja favorecida a identidade cultural diante da mera continuidade estilística, ao valor significativo ou de uso frente à exclusiva valorização do estético ou original, ao descobrimento de valores potenciais frente ao reconhecimento exclusivo dos valores tradicionais. E disso, também, se deduz que, ao menos em nossos países, não é aceitável uma política centrada na simples preservação dos bens patrimoniais.

9. Centros Históricos

Há uma imagem corrente da América Latina, segundo a qual todo o continente constitui uma grande unidade cultural. Suas cidades, seus centros históricos, sua arquitetura, assim como os problemas sociais e econômicos relacionados apareceriam com traços comuns que, acima da diversidade de origens pré-colombianas, permitiriam entrever soluções semelhantes para as conflituosas situações percebidas em seus centros históricos.

Essa imagem unitária, por um lado, provém de uma visão eurocêntrica simplificadora, mas também de uma ideologia americanista que, ao descobrir um destino comum para a América Latina no panorama mundial, estende essa unidade fundamental à consideração de problemas particulares. Embora a ideia de uma América Latina unida por ideais e procedimentos compartilhados frente ao resto do mundo seja um objetivo valioso e de urgente concretização, pode perder a eficácia se for baseada na falácia de considerar o subcontinente como uma férrea unidade histórico-cultural.

Há indiscutíveis pontos de contato na história dos países latino-americanos: a existência de culturas indígenas mais ou menos desenvolvidas; a conquista e colonização espanhola; as guerras de independência; as guerrilhas intestinas imediatamente posteriores; a descontinuidade política que caracterizou quase todos os países etc. etc. Porém, nos dois extremos do desenvolvimento histórico – culturas pré-hispânicas e períodos pós-hispânicos – as diferenças vão se aprofundando até constituírem povos de idiossincrasia e cultura profundamente diferentes. Daí as diferenças estruturais básicas entre os países que tiveram culturas pré-hispânicas fortemente desenvolvidas e os que não tiveram; diferenciam-se igualmente dos demais países que, como a Argentina, receberam uma grande imigração europeia em fins do século XIX e começos do século XX, conformando uma estrutura étnica muito particular.

As heranças culturais, os recursos naturais, os modos de produção, as estruturas socioeconômicas, incidiram de modo determinante no desenvolvimento urbano e, com isso, em que pese a origem hispânica da maioria das cidades, surgem notáveis diferenças entre assentamentos urbanos e rurais dos diferentes países, e mesmo de diversas zonas de um mesmo país. A produção arquitetônica também traz a marca dessas diferenças socioculturais: em alguns casos, houve o predomínio da mão de obra indígena que, com a memória de sua antiga tradição, contribuiu para as novas obras; em outros casos, a memória foi a da arquitetura popular europeia; em outros, a força criadora e construtiva foi maior durante a época do domínio espanhol, diminuindo posteriormente; em outros, o florescimento ocorreu mais na segunda metade do século XIX e começos do XX, como na cidade de Buenos Aires.

O inquestionável ideal de uma América Latina unida para atingir um destino melhor, libertando-se das violentas pressões a que é submetida pelo mundo desenvolvido, não deveria aplicar-se como uma fórmula mágica para a solução dos problemas particulares de cada região. Com referência aos centros históricos, por exemplo, essa ideologia da América Latina única deu como resultado o estudo, até agora, de certos casos, sem dúvida, relevantes – aqueles que correspondem às grandes culturas pré-hispânicas e coloniais – como se representassem a totalidade dos centros da região, ou pelo menos ao único que merece consideração. A eles referiram-se as declarações, recomendações, análises e propostas a nível internacional, deixando

CENTROS HISTÓRICOS

de lado grande quantidade de cidades – e mesmo países – que não respondem à tipologia considerada.

Um verdadeiro conhecimento deve deter-se mais em analisar diferenças do que em buscar (ou forçar) semelhanças – ao menos com os critérios da ciência pós-renascentista. Acrescente-se a isso que os bens patrimoniais alcançam diferentes escalas de valoração: há aqueles que merecem ser considerados patrimônios da humanidade, outros são patrimônios de um país, de uma região ou ainda de uma cidade ou agrupamento. Portanto, parece indispensável reconhecer as diferentes situações, estabelecer e definir categorias[1] e, consequentemente, estudar as estratégias de intervenção adequadas a cada caso.

O termo *centro histórico,* correntemente, é aplicado a um assentamento urbano ou a zona específica de uma cidade, que abriga um importante conjunto de monumentos dentro de um tecido urbano coerente e significativo. As edificações de especial valor, integradas dentro dessa trama homogênea, que se consolidou ao longo de vários séculos, ou então em um período determinado da história, conformam uma unidade urbana na qual se harmonizam valores históricos, arquitetônicos, de paisagem urbana, de memória social.

O desenvolvimento moderno das cidades onde tais centros se situam tem sido, frequentemente, tem sido causa de sua deterioração, seja devido a uma renovação descontrolada ou, o que é mais comum na América Latina, devido à favelização ocorrida em seguida ao translado das atividades tradicionais do centro da cidade às zonas periféricas, nas quais novas edificações podem adaptar-se melhor às necessidades variáveis de governo, do comércio, ou da residência de categoria mais ou menos elevada. Ocorre, assim, a destruição ou deterioração física das moradias antigas, sua ocupação por uma população marginal e com isso também a deterioração do respectivo ambiente urbano, com o uso – ou melhor dizendo, o abuso – dos espaços públicos para atividades de comércio de rua.

Esse tipo de problemática aflige muitos centros maiores da América Latina e é objeto constante da preocupação de estudiosos

---

1   Esta proposta foi apresentada por Giorgio Lombardi no Congresso para a Preservação do Patrimônio Arquitetônico e Urbano Americano, realizado em Buenos Aires, em 1980.

e especialistas para quem uma das dificuldades mais graves não deixa de ser a necessidade de respeitar o direito dos habitantes de conservarem seu local de residência.

Sem esquecer a importância mundial de tais centros históricos, convém levar em consideração o fato de que nos países e regiões que não tiveram uma importante herança cultural pré-hispânica, ou um desenvolvimento sustentável em séculos posteriores, podem existir centros ou áreas urbanas que, do ponto de vista de sua própria memória histórica, merecem consideração pelo seu patrimônio arquitetônico e/ou urbano e que se distinguem por qualidades diferentes daquelas dos centros "tradicionais". Na verdade, existem muitos centros urbanos que possuem uma herança monumental mais ou menos considerável, porém não um tecido urbano consolidado, e que se encontram na ambígua situação de ver negado seu caráter de centros históricos e, ao mesmo tempo, ver afirmado o valor de seus monumentos e áreas especificamente históricas. Um caso muito claro a esse respeito é o da cidade de Córdoba, na Argentina, que abriga o mais notável conjunto do país em monumentos da época colonial, acompanhados de alguns do século XIX, de bom nível, mesmo sem alcançar um valor tão elevado. Porém, o tecido do antigo centro da cidade nunca conseguiu suficiente solidez; na época colonial, pela precariedade das construções domésticas, das quais sobrevive apenas uma e bastante modificada; no século XIX, porque o centro de gravidade do país deslocara-se para a zona do porto de Buenos Aires, e não foram muitas as moradias erguidas dignas de conservação; no início do século XX, porque as zonas residenciais já haviam se deslocado fora do núcleo original da cidade. De modo que os monumentos estão inseridos em um tecido mais ou menos amorfo, no qual, por inteligentes previsões, conservou-se em boa medida uma escala apropriada; mas que, por outro lado, conserva a múltipla funcionalidade que o converte no núcleo de atividades mais representativo da cidade. É esse, portanto, um centro histórico? Que valor real pode ter esse e outros centros semelhantes, de unidade equívoca, para que possam ser considerados centros históricos em nível de igualdade com os de Quito ou Cuzco, por exemplo?

A resposta a essas perguntas passa pela definição do que consideramos patrimônio, e a finalidade que nos guia para sua preservação e valorização. Se forem aceitas as considerações feitas no capítulo anterior e o observado acima sobre as distintas escalas de valorização do patrimônio, pode-se ter uma aproximação objetiva em relação a tais centros, a partir da qual seja possível estabelecer uma categorização.

Centros históricos não consolidados[2] poderia ser uma denominação que ajude à caracterização daqueles centros que possuem monumentos de valor arquitetônico considerável e/ou áreas reduzidas, corredores ou trechos homogêneos de interesse arquitetônico ou urbanístico, todos eles imersos em um tecido delicado que, por si só, não justificam intervenções de preservação em escala considerável.

A debilidade do tecido urbano pode decorrer seja de um desenvolvimento histórico desigual ou pouco sustentado, que não possibilitou sua consolidação – como no caso recém-comentado de Córdoba –, ou da perda da consistência por causa de violentos processos de renovação. Quase sempre as obras de caráter religioso e as obras civis de grande envergadura foram respeitadas, enquanto a arquitetura comercial e doméstica mais moderna sofria renovações, transformações ou simplesmente demolições. Essas situações são comuns na Argentina, onde existem cidades que chegaram a ter um tecido mais ou menos harmônico nos séculos XVIII ou XIX, e começaram a perdê-lo na época atual (caso de Salta), ou estão em perigo iminente de destruição (caso de Corrientes), e outras cidades que conseguiram consolidar seu tecido apenas em áreas parciais no passado.

A contrapartida positiva desses processos de renovação e constante mudança, que tendem a destruir os entornos históricos, é que permitiram manter um caráter ativo de plena funcionalidade nesses centros urbanos, onde não se percebe a degradação da vida social ou favelização frequente nos centros históricos tradicionais. Por outro lado, ocorre a degradação física dos edifícios, que sofrem as sucessivas e, nem sempre felizes, modificações impostas pela pressão das necessidades da atividade comercial. Da mesma forma, a paisagem urbana perde unidade, é invadida pela publicidade e ainda por

---

2   Comunicação apresentada pela autora no mesmo congresso supra citado, publicada depois na revista italiana *Parametro*, Bolonha: Faenza, 1981, e em *Summa*, Buenos Aires, fev. 1981.

equipamentos urbanos incongruentes com o restante do tecido histórico. Nesses lugares, é frequente encontrar trechos íntegros nos quais a planta do térreo das edificações constitui um informe-mostruário de fachadas, que se modificam continuamente seguindo os ditames da moda publicitário-arquitetônica, enquanto os andares superiores conservam uma arquitetura correta e até mesmo, em algumas ocasiões, de certa nobreza. Porém, se não existia uma arquitetura de boa qualidade previamente à explosão publicitária, o atrativo do olhar do pedestre ao nível da rua faz com que se negligencie totalmente a conclusão ou a melhoria do resto da fachada, que permanece, assim, como um fechamento pobre e deteriorado.

Outro elemento conflituoso para resguardar a harmonia da paisagem urbana é a construção em altura, característica de um centro dinâmico como o descrito, pois produz violentas mudanças de escala, que levam à perda do significado dos monumentos ou das áreas históricas. O alto valor do solo constitui um dos pontos nevrálgicos para o tratamento do problema.

A essas pressões, concretas por assim dizer, das condições impostas pela economia capitalista, devem somar-se aquelas impulsionadas pela ideologia do falso progresso, tão frequentes entre os funcionários de nossos municípios. Porque, como já foi comentado, a mentalidade do imigrante e de seus descendentes incita-os (ou incita-nos, seria mais propício) a olhar mais na direção do futuro que na do passado e isso, em mais de uma ocasião, leva a destruir o passado com o afã de, ao menos, obter uma imagem de modernidade e progresso, que exigiria lutar duramente contra circunstâncias econômicas, tecnológicas e mesmo políticas, com certeza adversas. Da derrubada indiscriminada de árvores à demolição de edifícios "velhos"; da abertura de grandes vias de comunicação que destroem a trama urbana e com ela a própria vida urbana ao orgulho de contar com o edifício mais alto ou o maior número de habitantes, isto é, ao afã de medir a grandeza de uma cidade em termos puramente quantitativos, a ideologia do falso progresso vai conformando imagens idênticas nos distritos de uma mesma região, em que cada um imita a capital mais próxima, a qual, por sua vez, imita aquela que a precede na escala. Assim, vão-se perdendo as oportunidades de manter e reforçar a identidade, a memória, a personalidade de cada uma das populações. Daí que seja da maior transcendência a tarefa de atribuir valor histórico aos poucos ou aos muitos elementos "patrimoniais" que cada centro possuir e ainda, sempre que seja possível, definir áreas históricas, por menores que sejam.

Os objetivos e métodos de intervenção nesse tipo de centros serão diferentes, portanto, daqueles que correspondem aos centros históricos tradicionais. Carecerá de sentido propor-se uma preservação total ou quase completa do passado, e, além disso, deveria se pensar a reorganização do presente e o planejamento do futuro. O presente estado do centro está longe de ser harmônico, de forma que a intervenção tentará guiar seu crescimento de modo tal que permita que os testemunhos do passado mantenham, em grau apreciável, seu significado em um novo entorno menos confuso ou deteriorado.

Digo "em grau apreciável" porque a permanência de um significado em uma obra de arquitetura, ao longo do tempo, como em um entorno urbano ou em uma obra de arte, é historicamente impensável: o significado de toda obra humana é um significado social, e as mudanças históricas sofridas pela sociedade vão modificando os modos de leitura[3]. (Já foi dito que "monumento" é "aquilo que permanece".)

Porém, pode-se esperar que essas mudanças inevitáveis de significado, as adições ou modificações ao sentido primitivo das obras, realizem-se de forma gradual, conduzidas pelo desenvolvimento histórico do grupo humano, sem rupturas, tergiversações ou anacronismos que cortem todo elo com seu caráter original. Seria necessário que, de algum modo, possam ser reconhecidas as intenções, os modos de vida que atuaram para a produção dos espaços arquitetônicos e urbanos, mesmo quando esses tenham ficado imersos na vida e na cidade modernas.

Uma vez que se está na presença de centros de atividade múltipla e viva, as intervenções tenderão a orientar o desenvolvimento do tecido de modo a respeitar e valorizar o patrimônio existente, sem por isso descuidar da multiplicidade daquilo

3   Ver, supra, p. 155-159.

204 O INTERIOR DA HISTÓRIA: CONCEITOS INSTRUMENTAIS

que garante a manutenção da vitalidade do centro. A atitude relativamente passiva exigida pela intervenção nos centros consolidados aqui é substituída por uma atitude eminentemente dinâmica, de "preservação dinâmica"[4], de acordo com o próprio caráter do centro. A finalidade primordial da intervenção poderia ser aqui definida como a construção do patrimônio do futuro em continuidade com o passado.

Porém, a construção do patrimônio do futuro não pode ser entendida como a oferta de obras de arte ou monumentos à cidade. Embora seja sempre possível e desejável dotar a cidade de obras arquitetônicas de valor artístico destacado, não é fácil construir monumentos "por decreto" e, por outro lado, as obras modestas e pouco felizes continuarão sendo produzidas, se é que se pretende manter viva a cidade. Portanto, o destaque não deve estar na arquitetura individualmente considerada, mas na paisagem urbana em seu conjunto, ao modelo urbano que permanecerá conformado pelas formas de crescimento determinadas.

Frente ao incontestável perigo de cair na mera cenografia, ao pensar em termos de paisagem urbana será preciso ter presente, junto aos aspectos morfológicos e visuais, a coerência histórica das propostas e a funcionalidade da área de intervenção, tanto do ponto de vista de seu uso social como de sua relação com o resto da cidade. O instrumento para a constituição da nova paisagem ou modelo urbano pode ser, como é em centros consolidados, aquele das *tipologias*; contudo, a metodologia deverá ser muito diferente.

No capítulo anterior comentou-se sobre os aspectos tipológicos que incidem mais diretamente na constituição do patrimônio urbano. Investigar esses aspectos seria a base para as propostas de intervenção, ainda que devam ser consideradas algumas questões particulares, como a grande variedade de tipologias que podem aparecer nesses tipos de centros – em alguns casos, a dificuldade de identificar tipologias que não tenham chegado a se concretizar no tempo; ou o cuidado de evitar o congelamento dos modos de vida, e por isso

---

4   Cf. Freddy Guidi, Preservación Dinámica, *Summarios*, n. 78, jun. 1984, p. 28-32.

a manutenção das tipologias existentes, a todo custo, pode resultar negativa.

Nessas circunstâncias, o instrumento tipológico deverá apoiar-se em um cuidadoso processo de seleção, por meio do qual sejam detectadas aquelas estrutura aptas para a criação desse novo entorno, em processo de organização. *O inventário* do patrimônio, então, deverá trabalhar a um tempo com base no valor do elemento estudado em si mesmo, seu valor na paisagem atual, e seu possível valor como pauta para a configuração da paisagem urbana.

Um aspecto patrimonial que também adquire características específicas em nossos países, em particular no Cone Sul, é o dos *povoados históricos*. Com frequência, ocorre que, em função das mudanças na ocupação do território, certos povoados ou grupos de povoados ficam à margem das rotas atuais e com isso acabam mantendo suas características arquitetônicas e urbanas, ainda que à custa de sua subsistência econômica e social. Esses pequenos povoados costumam possuir uma trama urbana e uma escala próprias do século XIX, além de algumas edificações de certo valor arquitetônico, ainda que, em geral, seu interesse seja mais ambiental que monumental. Contudo, é evidente que a valorização desse patrimônio pode ter sentido somente enquanto servir à revitalização da comunidade, à recuperação de sua capacidade de subsistência, e para isso uma das possíveis vias de ação é o recurso turístico, embora dificilmente pudesse ser efetivado em um povoado isolado, cujo atrativo não seria suficiente para colocar em prática um projeto dessa natureza, que exige pensar em termos regionais.

Todavia, não é apenas uma consideração prática a que conduz a um *enfoque regional* da questão: em quase todos os casos ocorre que um grupo de povoados, ao longo do tempo, tenha desenvolvido algumas determinadas características culturais, que adquirem valor pelo conjunto de suas realizações localizadas em diversos sítios, configurando uma verdadeira subcultura. Dessa forma, na Argentina, podem ser caracterizados os povoados da Quebrada de Humahuaca, os da chamada Costa Riojana, os do nordeste de Córdoba, entre muitos outros. Com o passar do tempo, cada um desses povoados assumiu uma função no conjunto, que lhe deu fisionomia própria, além de ter contribuído para a variedade e riqueza do grupo.

O enfoque regional[5], portanto, torna-se indispensável tanto para o conhecimento e a valorização desse tipo de riqueza patrimonial como para a formulação de planos de revitalização.

Por último, caberia repetir o que já foi dito a respeito do patrimônio em geral, isto é, que a única "receita" válida para sua compreensão e, por conseguinte, para uma intervenção adequada é adotar uma clara posição frente ao significado e ao papel que esses testemunhos históricos desempenham, e que podem chegar a desempenhar na comunidade.

---

5 Foram feitos diversos estudos no Instituto de História e Preservação do Patrimônio da Universidade Católica de Córdoba, concretizados em projetos sobre cada tema. A teoria e sua aplicação aos povoados do nordeste de Córdoba podem ser consultadas nos artigos de María Elena Foglia, Muerte y Vida de los Pequeños Poblados Históricos; e Freddy Guidi, Evolución de los Criterios de Intervención en el Patrimonio, *Summarios*, n. 123, 1988, p. 19-27 e 14-18, respectivamente.

10. À Guisa de Conclusão

Os temas analisados estão longe de cobrir todo a gama de problemas historiográficos dignos de estudo. Será preciso refletir, em uma nova etapa, sobre o papel das vanguardas, o sentido das utopias, o peso dos mitos sociais, o significado da modernidade; este último, no centro das reflexões de vários teóricos latino-americanos. Fala-se de uma "modernidade adequada" (Cristián Fernández-Cox), ou da necessidade de fazer coincidir o "espírito do tempo com o espírito do lugar" (Enrique Browne). No entanto, já não seria o momento de abandonar definitivamente a ideologia da modernidade? Não seria o momento de aceitar plenamente as consequências da passagem para a cultura pós-moderna?

Se pensarmos que a ideologia da modernidade coloca no centro dos valores a categoria do novo, o desenvolvimento tecnológico como finalidade em si mesmo; e se, por outro lado, percebemos que a cultura pós-moderna representa a explosão da histórica única, a transposição dos valores às margens, a concepção de valores ligados ao processo de nascer/crescer/morrer... Não seriam esses alguns parâmetros possíveis para fundar um projeto latino-americano?

Este livro foi impresso na cidade de Cotia,
nas oficinas da Meta Brasil,
para a Editora Perspectiva.